Deva Vanshi Weidenbach

Herzensbeziehungen

Herzensbeziehungen

eine Reise durch mein Seelenhaus

- oder von der erwartungsvollen Kinderliebe zur ebenbürtigen Liebe in der Partnerschaft

Deva Vanshi Weidenbach

Bibliografische Information der Deutschen Nationalbibliothek
Die Deutsche Nationalbibliothek verzeichnet diese Publikation in der
Deutschen Nationalbibliografie; detaillierte bibliografische Daten
sind im Internet über http://dnb.d-nb.de abrufbar.

Deva Vanshi Weidenbach
Herzensbeziehungen
eine Reise durch mein Seelenhaus
- oder von der erwartungsvollen Kinderliebe
zur ebenbürtigen Liebe in der Partnerschaft

Berlin: Pro BUSINESS 2010

ISBN 978-3-86805-598-6

1. Auflage 2010

© 2010 by Pro BUSINESS GmbH
Schwedenstraße 14, 13357 Berlin
Alle Rechte vorbehalten.
Produktion und Herstellung: Pro BUSINESS GmbH
Gedruckt auf alterungsbeständigem Papier
Printed in Germany
www.book-on-demand.de

Tat Tvam Asi - Schule zu den inneren Welten
Wetteraustraße 10, 63505 Langenselbold
www.tattvamasi.de, info@tattvamasi.de

Satz und Gestaltung: Govinda Martin Heger
Lektorat: Tanja Reindel, Frankfurt/Main
Titelgrafik: Darshita Janet Storm

Für die unschuldige Liebe der Kinder dieser Erde,
durch die unsere Liebe immer wieder erneuert wird,

und im Besonderen
für meine wunderbaren Töchter Ina und Miriam,
ohne sie wäre das Mütterliche in mir farblos und ohne Inhalt geblieben,

für meine große Liebe,
von der ich gelernt habe, mein Glück nicht im Außen zu suchen,
und dadurch meine Kraft entdecken konnte.

Inhaltsverzeichnis

Inhaltsverzeichnis

Vorwort

Die Erinnerung an die Zauberdinge des Lebens

*L*iebe Oma Berta,
ganz versunken in alte Kinderbilder habe ich mich heute auf dem Boden sitzend wiedergefunden. Plötzlich hatte ich ein Bauchgefühl wie in den Kindertagen, das mir deutlich machte, dass Du in mein kindliches Gefühlsleben einen fühlbar dunklen Punkt gesetzt hast, mich aber zum Glück gleichzeitig die Zauberdinge der Märchen lehrtest, die für Helligkeit in meinen frühen Erinnerungen sorgten. Ein Lichtpunkt, wie ein ständiges inneres Wetterleuchten, das mich daran erinnerte, dass ich das Spontane, Lichtvolle eines Kindes nie ganz verloren hatte. Auch, wenn mein Verstand mich immer wieder vergessen ließ, wie nah ich an der Lösung war, weil ich mich nur ab zu erinnerte, wie es ist, mit den magischen Augen eines Kindes zu se-

9

hen, um, im Augenblick versunken, aufmerksam zu beobachten. Mit diesen Augen zu sehen erinnerte ich mich an das selbstverständliche Gefühl des schlichten Da-Seins aus der Kinderzeit, als mein Blick mit dem Gänseblümchen verschmolz, ohne Trennung zwischen mir und dem Gänseblümchen. Jetzt, wo ich diese Erinnerung in Worte fasse, spüre ich den Zwiespalt, der sich über das kritische Denken und die Sprache einschlich. Erst viele Jahre später erlebte ich wieder diese Verschmelzung zwischen dem Schauenden und dem Geschauten. Ach Oma, es hätte mir sehr geholfen, wenn mir damals jemand gesagt hätte, dass der Weg nicht zurück, sondern bewusst nach vorne führte – meine Sehnsucht, mein Kinderparadies wieder zu erreichen, hakte in der Vergangenheit ein und verhinderte, dass ich in der Gegenwart spontan handeln konnte. Handeln aus dem Bauchgefühl heraus, ohne abzuwägen, spontan und natürlich, ohne das Reingeplappere des Verstandes. Einfach tun, schauen, erkennen – sonst nichts. Einsicht in eine wunderbare Welt, die nicht physikalisch oder chemisch seziert werden wollte. Schmerzlich war mir dieses Gefühl für lange Zeit entschwunden. Unschuldige Zeiten. Bis sich mein Körper wieder erinnerte, in einem Moment der ungeteilten Achtsamkeit, der mich mit dem eindeutigen Gefühl aus meinem Bauch verband. Ein Einheitsgefühl, das allein von dem emotionalen Erfahrungsgedächtnis meines Körpers ausging und mit dieser Achtsamkeit meiner Gedanken verschmolz und damit zur Ruhe kam. Endlich angekommen nach einer langen Reise voller Zerrissenheit, Zweifel und Rastlosigkeit kehrte Ruhe in Körper und Geist ein. In dieses innere Heimatgefühl zu versinken schien die einzige Möglichkeit zu sein. Mich hinzugeben an den Moment, hellwach und nicht mehr „außer mir" zu sein.

Der Weg zu dieser inneren Einheit war mit wiederkehrenden Zweifeln gepflastert. Quälend verhinderten sie in Herzensbeziehungen ein konsequentes Handeln. Gedanken, in denen Entscheidungen nur gedacht waren und viel zu schnell von neuen Gedanken abgelöst wurden. Der Bruchteil eines Gedankens erschien und wurde schon wieder vom nächsten abgelöst. Wie bei einem kybernetischen Bild folgte ein Gedanke auf den anderen, waren sie aufgereiht wie auf einer Stange. Jedes Gedankenfragment in eine Kugel verpackt und durchgebohrt bewegten sie sich kreisend um eine dünne Stange, ohne wirklichen Anfang und Ende. Und trotzdem wie ein dynamisches System, das unbewusst immer nach Ausgleich sucht. Wie alle kybernetischen Systeme erreichten auch meine Gedanken durch Rückkoppelung den Zustand eines Gleichgewichts. Eines Gleichgewichts, das mir erst einmal unergründlich schien und einen Ausgleich herstellte, der das Fortbestehen des Familien-Systems sicherte. Ein Ausgleich, der zunächst nur aus Vermeidungsstrategien bestand. Jeder halbe oder ganze Satz unvollendet, weil er mit „wenn" und „aber" und „wäre" und „könnte" begann. Sie waren eine endlos aneinandergereihte Abfolge von Entschuldigungen für ein vorgetäuschtes Gefühl von innerer Ausgeglichenheit. Ich war gut geschult im Kugeln-hin-und-Herschieben und damit den Alltag zu verwalten, das hatten wir in unserer Familie perfekt eingeübt. Meine Persönlichkeit funktionierte. Aber auf der Ebene meiner Seele kam ich nur langsam, mühsam vorwärts wie eine, die in tiefem Schlamm watet.

Paradoxerweise fielen mir sämtliche alltäglichen Entscheidungen leicht. In Herzensbeziehungen vermied ich jedoch ängstlich Entscheidungen. Aufgrund dieser Vermeidungstaktik war ich in permanenter Spannung zwischen Lieben und Wollen. Ich hatte noch kein klares Bild davon, was ich denn wirklich in meinem Leben für mich brauchte. Daher versuchte ich, mit möglichst geringem Risiko ein Gleichgewicht zu halten, indem ich permanent meine Wünsche nach Einsicht zu vermeiden suchte. Erstaunlich, wie lange ich diesen immensen, inneren Druck ausgehalten habe. Eingekeilt zwischen einer diffusen Verlustangst und dem beschützenden Teil meiner Kinderangst, der panisch vor unwiderruflichen Konsequenzen warnte. Ich fühlte, wie mir die Zauberdinge des Lebens immer mehr verloren gingen. Als ich mich endlich für einen Schritt in Richtung tiefer Erkenntnis entschieden hatte – ich wollte eine psychotherapeutische Ausbildung machen –, verschwand der Scheck mit der Anzahlung hinter dem Schreibtisch. Mein chaotischer Teil konnte manchmal schrecklich praktisch sein. Für Wochen war der Scheck verschwunden. Als wäre dies nicht genug an Verwirrung, nein, mein Gefühlchaos wurde noch lauthals von quälenden Gedanken unterstützt, ob ich nicht doch noch absagen sollte. War der unauffindbare Scheck nicht ein deutlicher Hinweis? Würde sich meine momentane Verwirrung eventuell durch mehr Einblick in meine vergessenen Anteile verstärken? Mehr Gefühlschaos konnte ich im Moment wirklich nicht verkraften. War so ein Verdrängungsmechanismus nicht dazu da, das Verdrängte unter Verschluss zu halten? Mein kindlicher, mich vor allen unübersichtlichen Veränderungen beschützender Teil bediente sich einer raffinierten, undurchsichtigen Verzögerungstaktik. Mein Verstand, der doch eigentlich nichts von dem kindlichen, gefühlsduseligen Teil hielt, wollte seine Vormachtstellung nicht aufgeben und verband sich schlauerweise mit den Verlustängsten der Kindertage! Jahrelang hatte das funktioniert, aber diesmal nicht. Zu lange stand ich innerlich unter Druck und war schon durch die drängenden Bewegungen wie in einem Geburtskanal zu weit nach vorne gerutscht. Der letzte drängende Seelenschub – und ich war draußen. Mein Herz drängte mit verzweifeltem Mut, mich über die Ängste hinwegzusetzen, und zwang mich auf den Weg der unvorhersehbaren Schritte.

Irgendwas muss wohl (noch rechtzeitig) unter den Schreibtisch gefallen sein, als ich mich jedenfalls bückte, um es aufzuheben, entdeckte ich erleichtert und zugleich erschreckt zwischen Rückwand und einem Lichtkabel hängend – den verloren geglaubten Scheck. Es gab keine Ausrede mehr. Erleichterung machte sich in einem Teil von mir breit, der andere Teil war in höchster Aufruhr. Schnell in die Post mit der Anmeldung und den Scheck hineinlegen. Die Richtung war hiermit vorgegeben, der Weg frei – wie sich herausstellen sollte – für die tiefsten, inneren Erfahrungen. Ich öffnete eine Tür des Vergessenen nach der anderen in meinem Seelen-Körper-Haus.

Vielleicht wunderst Du Dich über das Bild vom Seelen-Körper-Haus. Aber während ich mich auf mein Inneres einließ, habe ich mehrfach von so einem Haus geträumt. Dieses Haus stellte ich mir so vor: gut besuchte, sonnendurchflutete Südzimmer und vernachlässigte Nordzimmer wie Abstellkammern, in denen sich alles Mögliche aus meinem Leben angesammelt hat. Auf der Südseite lagen auch die Erkenntniszimmer, die mich mit der Lektüre von schöngefärbten

Ereignissen anderer Menschen ablenkten, aber auch mit lieb gewonnenen Erinnerungen meines Lebens. Es fiel mir in der Alltagshektik leicht, die Nordzimmer meines Seelenhauses zu vergessen. Wohl ahnend, dass sie angefüllt waren mit verwirrenden, doppelbödigen und paradoxen Erinnerungsbruchstücken.

Die Entscheidung, eine psychotherapeutische Ausbildung zu machen, löste in meinem Körper jedenfalls Alarmstufe Rot aus. Mein Feuermelder, die Amygdala, eine Drüse im Hirn, die uns vor Gefahr warnt, war aufs Äußerste beunruhigt. Ich hatte das diffuse Gefühl: Gefahr und Fertigmachen zur Flucht! Aber die gegenläufige Bewegung meiner Seele war schon sehr kraftvoll und schob mich trotz Warnung in ständigen Intervallen auf die erste Tür des Vergessenen zu. Mein Herz klopfte, als wolle es aus der Brust springen. Aber ich hatte mich entschieden, alle Zimmertüren zu öffnen und frischen Wind durch die Zimmer wehen zu lassen. Mein Blick fiel als Erstes auf ein Kinderherz. Unübersehbar glühend wie ein riesiger Rubin, eingehüllt in eine weiße Wolke, wie in einem Bett aus zartem Licht, einem Licht, das sich nach Unschuld anfühlte. Wie kam dieses Symbol meines Kinderherzens in diesen Raum? Hatte ich, ohne es zu merken, meine Wahrheit verkauft und entdeckte sie jetzt hinter all den verschnürten Päckchen des Vergessenen und Verdrängten wieder? Bevor ich die Tür geöffnet hatte, hatte ich nur ein diffuses Drängen nach innerer Befreiung gespürt. Auch wenn ich noch nicht genau wusste, was dieses Symbol meines Kinderherzens zu diesem Zeitpunkt im vollem Umfang für mich bedeutete, strömte eine Welle der Erleichterung durch mich, wie nach einer körperlich anstrengenden Arbeit fiel Spannung ab. Ein körperlich und seelisch friedvoller Zustand machte sich breit.

Ab da strömte ein frischer Wind der Einsicht und Selbstreflektion durch alle Etagen meiner Seele und vertrieb den Muff vergangener Tage. Danach fühlte ich mich so frei, wie ich mich zuletzt als Kind gefühlt hatte, und ich konnte dieses Gefühl bewusst beibehalten. Das war neu. Selbst in den Kindertagen war dieses paradiesische Einheitsgefühl nicht durchgängig. Aber zum Glück erinnerte sich mein Körper noch an diese paradiesischen Zustände, wenn auch nur gelegentlich fühlbar, schienen sie erfreulicherweise in meinem Körper verankert zu sein. Diese Erinnerungen waren wie ein innerer Scheinwerfer, der mir den Weg zeigte. Genährt von meiner Sehnsucht nach Wahrheit wünschte ich mir wieder das natürliche Verschmelzen von innerem und äußeren Antrieb, das mir die Versenkung mit dem gegenwärtigen Tun ermöglichen würde.

Zeiten der Körper-Seelen-Einheit waren in der Kindheit nur Appetizer. Anreiz für meine spätere Suche. Ein Geheimnis, das mir mit meinem magischen fünften Lebensjahr fast verloren gegangen war. Ich glaube, Du weißt nicht, dass ich damals das deutliche Gefühl hatte, aus dem Paradies geworfen zu werden. Da begann die Zeit, in der die Zweifel von mir Besitz nahmen. Unschuld war gestern, denn nach dem fünften Lebensjahr schien unbewusste Schuld in mir vorzuherrschen. Diffuse Schuld, die keinen bewussten Anlass hatte, aber meinen kleinen, inneren Kosmos in Gut und Böse teilte, so wie die Erwachsenenwelt es vorschreibt. Fast von einem auf den anderen Tag schloss sich damals die Tür zum magischen Teil meines Wesens und ein großer Teil meiner Unschuld verschwand in der Dunkelheit. Anlass, nach vielen Jahren den Weg zu den Zauberdingen des Lebens zu suchen.

Liebe Oma, es wird zwar gesagt, dass Ihr in der anderen Wirklichkeit an unserem Leben Anteil nehmt. Aber da ich das nicht so genau weiß, will ich Dir vorsichtshalber von meinem Weg und meinen Entdeckungen erzählen.

Ich umarme Dich,

Anita

Frauenpower als nonverbale Botschaft

Liebe Oma Berta,

damals, in meinen Kindertagen, konnte ich mir nicht vorstellen, einmal so alt zu sein, wie ich heute bin. Du erschienst in meinen fünfjährigen Kinderaugen zwar rosig und rundlich, aber doch irgendwie unbegreiflich alt. Ganze 55 Jahre! Aber für mich als Kind war sogar jemand mit dreißig Jahren schon im biblischen Alter. Älterwerden schienst Du eher als Strafe zu sehen: „Werde erst einmal so alt wie ich, dann weißt du, wie das ist." Worte voller Resignation, vermischt mit ein wenig Traurigkeit – wie mir schien – über verpasste Gelegenheiten.

Gut, dass ich meine eigenen Erfahrungen mit dem Älterwerden gemacht habe, denn die waren wohl ganz anders als Deine. Was ich am Älterwerden als besonders entspannend erlebe ist, dass ich heute deutlich unterscheiden kann, was ich für mich in diesem Leben brauche. Herz und Körper bilden endlich eine kommunikative, intuitive Einheit. Die Zeit ist zum Glück vorbei, wo eine künstliche Rückkoppelung meines Harmonie- und Ausgleichsbedürfnisses mich dazu gebracht hat, eine anstrengende Scheinharmonie aufrechtzuerhalten.

Begonnen hatte alles vor vielen Jahren, als mich das schwierige Macht-Ohnmachts-Verhältnis, das Du und Mutti hattet, wachgerüttelt hat. Ich spürte die Verwicklung eurer Beziehung und verglich meine eigene Mutter-Kind-Beziehung damit. Ich stand genau in der Mitte der Frauenreihe. Erst Du, dann Mutti, in der Mitte ich, meine älteste Tochter und dann die jüngste. Damals erstreckte sich mein Blick in die Vergangenheit genauso wie in die Zukunft. Du schienst aus Deiner wirklich großen Aufgabe, meine Mutter alleine aufzuziehen, einen Erwartungsstrick gedreht zu haben, mit dem Du meine Mutter an Dich binden wolltest. Euch beide in dieser Verstrickung zu beobachten, hat mich sehr zum Nachdenken gebracht. Mir wurde klar: Ich will neue Wege in der familiären Frauenbeziehung gehen.

Deine besondere Botschaft, die ich von Dir mit auf den Weg mitbekommen habe, war: Nicht viel reden, Überblick verschaffen und anpacken. Erst jetzt sehe ich, wie wichtig diese bodenständige Bot-

15

schaft in allen Lebenslagen für mich war. Danke dafür! Aber ohne an die Zauberdinge des Lebens zu glauben, hätte ich nie das Bedürfnis gehabt, mein Leben zu verändern. Ich brauche das Spirituelle genauso wie das Bodenständige, um mitten in einem aktiven, erfüllten Leben zu stehen, das Ängste vor dem Alter außer Kraft setzt.

Wie Du weißt, sind in unserer Familie hauptsächlich Frauen geboren worden. Du bist nur mit Schwestern aufgewachsen und hast dann meiner Mutter das Leben geschenkt, aus dem wieder zwei Mädchen hervorgegangen sind. Wie selbstverständlich habe ich mit zwei Töchtern die Tradition der Frauendominanz in der Familie weitergeführt. Wie dies mein Leben beeinflusst hat, möchte ich Dir ausführlich erzählen.

Es wird gesagt, dass auch unsere Ahnen an unserem jetzigen Leben teilhaben. Mit diesem Brief an Dich will ich die Frauen würdigen, die vor mir im Leben standen, und gleichzeitig nach vorne, in die Zukunft blicken: zu meinen Töchtern und jenen, die in unsere Frauenreihe eventuell noch hineingeboren werden. Diese Frauenreihe gibt mir immer wieder Kraft, die mich handeln lässt, auf die ich immer vertrauen kann. In meinem Zellsystem scheint frei nach Seneca gespeichert zu sein:

Nicht weil die Dinge schwierig sind, wagen wir sie nicht, sondern weil wir sie nicht wagen, sind die Dinge schwierig

Ein weiser Spruch, der für eine Seite meines Lebens wunderbar war, nämlich den Impuls, Arbeit schnell und effizient zu erledigen. Aber dieses Vorwärtspreschen hat mir in der Partnerschaft eher Nachteile eingebracht. Ich kam einfach nicht dazu, meinen weiblichen Anteil auszuleben und auch einmal umsorgt und verwöhnt zu werden. Und irgendwie spukte in meinem Kopf auch noch der unausgesprochene Satz herum, dass Männer unzuverlässig sind. Wo der wohl herkam? In meinem Bild, das mir Mutti und Du vorgelebt haben, hieß es: „Selbst ist die Frau." Oh, wie viele weibliche Anlehnungsmomente habe ich mir mit diesem unbewussten Satz genommen!

Weißt du, dass es mich immer wieder erstaunt, wenn ich beobachte, dass starke Männer sich gerne eher schwache, hilflose Mäuschen zur Frau nehmen? Dualität und das Gesetz der Anziehung bedingen dann wohl, dass tatkräftige Frauen passive Männer anziehen. Aber wir haben auf unsere unbewussten Muster erst einmal keinen Einfluss und wissen nicht, dass unser Unbewusstes schon im ersten Augenblick der Begegnung zwischen Mann und Frau blitzschnell erkennt, ob unser Gegenüber unser altes Verhaltensmuster abdeckt. Wir schlittern im zweiten Schritt in eine Beziehung, die bei vielen dank der Gegensätzlichkeit zu gemeinsamem Wachstum führt – oder auch in einen immerwährenden Kampf. Ich habe lange gebraucht, bis mir in vollem Umfang klar geworden ist, wie wichtig Respekt, Ebenbürtigkeit und Anerkennung für eine Beziehung sind. Ach Oma, wie gerne hätte ich Dich jetzt hier! Daher hoffe ich, dass ich durch meine Briefe meine Erfahrungen mit Dir teilen kann und auf meiner Reise nach Antworten auf die Frage, wie Beziehung gelingt und was Beziehung im Wege steht, Dich mitnehmen kann.

Als Verfechterin der wahren Liebe fiel es mir nicht leicht zuzugeben, dass die Liebe nicht an oberster Stelle einer gelungenen Beziehung steht. Ich musste mir eingestehen, dass ich Liebe in meinem Leben immer überbewertet habe. Möglicherweise erstaunt es Dich auch, dass Respekt füreinander und Vereinbarungen, die eingehalten werden, am wichtigsten für das Gelingen einer entspannten Beziehung sind. Respektlosigkeit ist oft die Maske, um ein inneres Gefühl von Minderwertigkeit zu verbergen und verhindert eine erfüllende Beziehung wie schleichendes Gift, das sich als Schleier über die Liebe legt.

Ich wollte wissen, was der Schlüssel bei geglückten Partnerschaften ist und konnte beobachten, wie Respekt für sich selbst und Respekt für den Partner die Basis der Beziehung bildete. Ohne Respekt kann die Liebe sich nicht entfalten und mit Respekt ist die Liebe würdevoll und ein Kind der Freiheit. Auch wenn die Liebe in unseren Breitengraden als Vorbedingung für eine geglückte Beziehung gepriesen wird, führt die romantische Liebe uns viel öfter in die Verstrickung, weil die Erwartungen und die Illusion größer sind, als bei einer Beziehung, die sich respektvoll und achtsam langsam zur Liebe entwickelt. Defizite des anderen werden hier miteinkalkuliert.

Aber liebe Oma, wie alt musste ich erst werden, um Irr- und Umwege als Erkenntniswege dankbar anzunehmen! Ich bin heute sogar dankbar für Deine Erziehungsversuche, die mich zu einem bescheidenen, liebenswerten Menschen machen sollten. Ich habe selten an Deiner Liebe gezweifelt und kann jetzt sagen, dass ich froh bin, in unser familiäres, archetypisches Gedankenfeld hineingeboren zu sein. Geprägt von Dir und meiner geliebten Mutter und von den Informationen der sieben vorangegangenen Generationen in mir, die für mich wie der Urgrund sind, aus dem ich schöpfen kann. Aus der ursprünglichen Verwirrung der Gefühle hinein in eine milde Klarheit aus gelebten Einsichten. Zurückblickend begreife ich, dass die Wahrheit immer wieder in meinem inneren Fokus sein musste, um dem muffigen Geruch des Verdrängten keine Chance zu geben. Mut hat mir auf meinem Weg unser großer Dichter Goethe gemacht, er sagte: Wer das Ziel kennt, dem kommt der Weg entgegen.

Von den Schamanen und der systemischen Arbeit habe ich gelernt, alle Frauen in unserer Ahnenreihe zu achten. Sie sind der Ursprung meines Seins, darum bitte ich Dich und alle Ahnen: Schaut freundlich auf mich, so dass die Saat der Freude, der Tränen und der Liebe aufgeht und wegweisend für alle suchenden Frauen heute und in der Zukunft sein kann.

Deine Dich liebende Enkeltochter

Anita

Mein Seelen-Körper-Haus

Wie Beziehungsängste entstehen

L iebe Oma Berta,
durch die letzten beiden Briefe an Dich tauchten Bilder aus meiner Kindheit vor meinem inneren Auge auf. Manchmal erweisen sich Erinnerungsbilder wie Pixel, die wir vom Computer kennen. Die meisten von uns wissen, wie Pixel entstehen. Wenn wir auf dem Computer ein Bild zu stark vergrößern, dann verliert das Bild seinen Gesamteindruck und zerfällt auf dem Bildschirm in einzelne Punkte. Dann müssen wir das Bild wieder verkleinern oder uns vom Bildschirm etwas entfernen, um das Gesamtbild wieder zu erkennen. Und so scheint es mir auch mit meinen Erinnerungen zu sein, als ob ich erst einen bestimmten Abstand brauchte, um zu erkennen, wie sich die fehlenden Bruchstücke meiner Erlebnisse in die Situation der Vergangenheit einfügen und so meine Geschichte komplettieren. Wie ich Dir ja schon schrieb, half mir auf meiner Reise nach innen das Bild des Seelen-Körper-Hauses mit seinen nach Süden gelegenen Erkenntniszimmern und seinen nach Norden gelegenen Räumen des Vergessenen und Verdrängten. Je mehr Erinnerungen meine Lebensgeschichte bereicherten, umso mehr Licht, Luft und Farbe durchströmten die nördlichen Zimmer. Unglaublich dabei war, wie sich jede Erinnerung ganz selbstverständlich in den entsprechenden Zeitrahmen einfügte. Im Souterrain, dem Stockwerk mit den Erkenntnissen und Erlebnissen aus der Zeit vor meiner Geburt, fehlt das nördliche Zimmer des Erinnerns ganz. Es hat nur ein Erkenntniszimmer und gleich dahinter einen fensterlosen Raum des Vergessenen. Ich habe keine vorgeburtlichen Erinnerungen und begnüge mich daher mit den theoretischen Erkenntnissen von Forschern, die im Raum der Erkenntnis eingeordnet sind.

Erinnerungen an meine Kindheit bis zu meinem elften Lebensjahr fand ich im nördlich gelegenen Zimmer im Parterre. Im Raum im ersten Stock konnte ich mich an meine Jugend und eigene Beziehungen zwischen Mann und Frau erinnern. Im Nordzimmer des zweiten Stocks waren die Erinnerungen nicht nur auf Paarbeziehungen beschränkt, sondern schon mit den bewussten Erfahrungen zwischenmenschlicher Beziehungen vermischt. Manchmal ermöglichte mir mein Inneres sogar einen umfassenden Einblick nach innen und außen gleichzeitig. Die befreiende Einsicht in die Erinnerung, erleichternd und rätsellösend zugleich, ließ meinen Blick von der Vergangenheit zur Vision der Zukunft schweifen, verbunden mit dem Vertrauen, immer mehrere Lösungen finden zu können. Diese Aussicht ließ beide, Vergangenheit und Zukunft, in einem weichen Licht erscheinen. Einblicke von ganz eigener Magie.

Der Mut, mir das Verborgene noch einmal anzuschauen, hat sich gelohnt. Bewusste Erfahrungen mit meinem „inneren Kind" ließen mich begreifen, was sich vorher unbewusst in meinem Leben nur stereotyp wiederholte. Muster bewusst zu durchbrechen ermöglichten mir einen inneren Rundblick im zweiten Stock. Erkenntnisse, die ich mit den verschiedenen Räumen aus meiner Kindheit und Jugend vergleichen kann. Einsicht und Mitgefühl für mich selbst durchströmen alle Räume des zweiten Stocks, so dass die Wände zum Zimmer des Vergessenen hier manchmal fast durchsichtig scheinen und den Blick zum Raum der Erkenntnis nicht mehr behindern. Alle Türen stehen jetzt offen. Einzelne Sonnenstrahlen. Im Rückblick kann ich meinem Schicksal ruhig zustimmen. Nur Experten des Lebens wissen um den Preis der schmerzlichsten Tage eines Lebens. Ich trage meinen Schatz in das Turmzimmer als höchsten Punkt meines Seelenhauses. Erinnerung an den Schmerz in meinem Leben, der gleichsam die Schutzschale meines Herzens durchbrochen hat. Innere Mauern in meinem Dasein durchlässig und durchsichtig gemacht hat. Ergebnis der Suche nach der Herzensunschuld und dem verloren gegangenen Einheitsgefühl.

Fühl Dich gedrückt!

Anita

Mein Seelenhaus

L *iebe Oma Berta,*
auch wenn mir alle fensterlosen, vergessenen Räume eines jeden Stockwerks Angst machten, fing ich mit dem Vergessenen der
Kindertage im Parterre an. Auf der Tür zu diesem Raum stand so
etwas wie: „Vorsicht Hochspannung!" So ein Raum ist schützend und
schaurig zugleich. In ihm sind Fluch und Segen, also Verdrängung
und Lösung zugleich im Dunkeln versteckt. Ich habe Dir ja schon
erzählt, dass beim Öffnen der Tür mein Herz bis zum Hals klopfte.
Ohne den Druck der tiefen seelischen Krise wäre sie wohl weiter
verschlossen geblieben. Ängstlich und gleichzeitig gebannt zog mich
das Verborgene magisch an. Meine eigenen Gedanken und Gefühle
waren aufgescheucht wie eine Herde wild gewordener Mufflons. Vor
mir eine schon bald übelkeitserregende Tür mit den verdrängten,
vergifteten Anteilen meiner Kinderseele. Da half nur der Mut der
Verzweiflung.

In diesem Raum lagen kreuz und quer, wie ein Knäuel verwirrter
Erinnerungsfäden, verdrehte Informationen aus Verdrängtem und
Vergessenen. In kleine Päckchen verpackte Schock- und Schamerlebnisse waren hier deponiert, um einen Kurzschluss meines Kör-
per-Seelen-Hauses vor vielen Jahren zu verhindern. Die Spannung
im Körper fühlbar als Altlast. Mit der Angst, dass ein Funke genü-
gen würde, um alles explodieren zu lassen. Aber diese Päckchen eins
nach dem anderen mit therapeutischer Unterstützung aufzumachen
war geradezu körperlich befreiend. Die eingeschlossene Kraft, der
Schmerz und die langjährigen Vermeidungsstrategien lösten sich.
Ich konnte mir endlich die vergessenen, abgetrennten Anteile anschauen und sie langsam wieder in mein Leben einladen. Ein wichtiger Schritt war getan. Jetzt erst einmal ausruhen! Pause! Pausen
sind wichtig, um das Alte wieder als Neuentdecktes zu integrieren.

Ich setzte mich wieder in mein helles, sonniges Erkenntniszimmer,
in dem fein säuberlich geordnet in Regalen das Wissen über das „innere Kind" und Bindungsmuster steht. Gleich daneben noch höchst
spannende Informationen über Körpertypen. Seufz! Hätte ich all die-

se Weisheiten schon in frühen Jahren bewusst zur Verfügung gehabt, wäre das benachbarte fensterlose Zimmer nicht so schrecklich bedrohlich für mich gewesen.

Puh! Am Anfang wurde ich immer von diesen schrecklich kreisenden Gedanken belagert. Mit den Vermeidungssätzen aus hätte, würde, könnte usw. Ganz klar, angelesenes Wissen hilft noch nicht, Vermeidungsstrategien zu umgehen. Fürs Erste half es mir dennoch, möglichst viel über die Seele und die Psyche zu lesen, um innere Aha-Erlebnisse zu haben. Ich las noch von anderen Leidensgenossinnen, die wie ich blinde Flecken in ihrem Leben hatten.

Erst einmal gemütlich machen im hellen Erkenntniszimmer. Die Lektüre von der Prägung des Kleinkindes ließ die Türe des Erinnerungszimmers aufspringen und im Nu war ich umgeben von den Bildern aus meiner Kindheit. Immer im Blick: die Tür mit dem fensterlosen Zimmer des Vergessenen. Ich würde mir für den nächsten Besuch noch etwas Zeit lassen.

Naiv wie ich war, glaubte ich damals, es gäbe nur einen vergessenen Raum, der zu durchforsten war. Aber auf jedem Stockwerk lag ein vergessener Raum. Dummerweise verfeinerten sich die Abwehrmechanismen des Verdrängens mit jeder Etage. Ohne Einsicht in die kindliche Vergessensstrategie waren sie nicht zu entwirren. Die Dynamik der unterschiedlichen Lebensabschnitte baute zwar auf dem Kindererleben auf, führte aber mit zunehmender Erfahrung zu einer immer raffinierteren, weil undurchsichtiger werdenden Strategie des Verdrängens. Ich spürte, dass die Identifizierung mit der äußeren Umgebung mich eher dazu gebracht hatte, mich starr zu verhalten, während die wachsende Einsicht mir eine neue innere Beweglichkeit schenkte und mich immer wieder eine neue Entdeckung machen ließ.

Also blieb ich erst einmal im Parterre. Ich ließ mich von meinen Gedanken ins nördliche Zimmer der Kindertage führen. Begleitet von dem unschuldigen Gefühl des Kindes und einem warmen Gefühl im Bauch. Es schien mir, dass der innere Sonnenschein meiner Kindertage von einem fast paradiesischen Gefühl getragen war. Getragen von der Fähigkeit, mich in ein Gänseblümchen zu versenken und die Welt um mich herum zu vergessen. Doch der Schatten war nicht weit, der sich auf meine grundsätzliche Geborgenheit legte. Ich erinnere mich an die nonverbale Botschaft, die sich wie ein roter Faden durch meine Kindheit zog. Da fallen mir strafende Worte und böse Blicke von Dir ein, wenn mir ein Missgeschick passierte. Häufig begnügtest Du Dich aber mit Botschaften Deiner Körpersprache. Eine prägende Botschaft, die sich energetisch am ehesten in die Worte fassen lässt: „Du hast etwas gemacht, was nicht richtig war." Diese Botschaft war, obwohl selten konkret ausgesprochen, ausschlaggebend für meine schuldbewusste Selbstwahrnehmung.

Wie grundlegend diese frühe Botschaft für meine eigene Wertschätzung war, habe ich erst viel später begriffen. Mehr als vierzig Jahre brauchte ich, um mich selbst wieder ganz zu schätzen. Mein verzweifelter Versuch eine schlüssige Antwort auf die Frage: „Verhalte ich mich richtig?" zu finden, war bis dahin nicht wirklich erfolgreich gewesen.

Im Raum der Erinnerung gehen mir Gespräche aus der frühen Kindheit durch den Kopf. Ich höre Worte und Sätze von den Eltern, aber hauptsächlich von Dir. Du hattest die Macht in der Familie. Die Sätze, die in meiner Erinnerung eingegraben sind, verstand ich als Urteile über mich, die in mir ein diffuses Gefühl von Schuld und Scham auslösten. Präzise Erklärungen gabst Du mir nicht, demzufolge konnte ich auf keine verlässlichen Anleitungen zurückgreifen. Im Nachhinein habe ich mich gefragt, ob Du selbst nicht wusstest, wie ein sogenanntes „richtiges" Verhalten ausgesehen hätte?

Weißt Du noch, wie ich mit fünf Jahren die Vorplatztür nicht aufschließen konnte? Ich musste die Tür zu mir heranziehen und dann den Schlüssel drehen. Das gelang mir nicht immer und ich musste an der Tür klingeln. Du empfingst mich damals oft mit dem lapidaren Satz: „Du bist zu dumm, um aufzuschließen." Ein Satz, der tief saß. Ich konnte nicht wissen, dass ein fünfjähriges Kind physisch kaum in der Lage ist, gleichzeitig an der Tür zu ziehen und sie aufzuschließen. Diese gefühlte Unfähigkeit verpackt als Schlüsseltrauma. Meine Freundin kennt das schon: Wenn wir verreisen und sich ein Schloss nicht gleich beim ersten Mal leicht öffnen lässt, steigt leichte Panik in mir auf, aber gleich nach dem ersten Schreck entlockt es mir ein Lächeln. Ich kenne ihren Ursprung. Die Angst, die mich früher überrollt hat und mich lähmte, hatte ich zuletzt mit Mitte fünfzig.

Ich war zu Miriam, Deiner jüngsten Urenkelin, nach Australien gereist, wo sie studierte. Ich hatte mich in einem preiswerten Hotel einquartiert, mit Zimmertüren nicht im Hausinneren, wie wir es in Deutschland kennen, sondern direkt zur angrenzenden Natur. Kurz vor Mitternacht kehrte ich von einem gemeinsamen Ausflug heim. Miriam fuhr zu ihrer eigenen Wohnung. Der Schlüssel steckte im Schloss, aber es ließ sich nicht öffnen. Ich war allein und weit und breit niemand zu sehen. Die Panik überkam mich. Mein Blick verengte sich und nahm die Form eines Tunnels an und in meinem Kopf war nur ein einziger Gedanke: „Ich komme da nicht rein." Mein Herz raste und in Sekundenschnelle malte ich mir aus, wie ich die Nacht im Freien verbringen müsste, zusammen mit Spinnen und Schlangen oder was sonst noch so bedrohlich im Gebüsch herumhuschte. Nach einer Weile drehte ich intuitiv den Schlüssel zur anderen Seite – und die Tür sprang auf. Das Schloss war falsch herum eingebaut. Ich wusste bis zu diesem Erlebnis nicht, dass dieses unerlöste Kindheitserlebnis mein Denken und Handeln immer noch so stark beeinflusste! Fünfzig Jahre hatte es gedauert, bis ich bewusst den letzten Rest des schambesetzten Gefühls, „unfähig" zu sein, befreien konnte.

Hättest Du gedacht, dass einfach dahin gesagte Sätze einen so langen Einfluss auf ein Leben haben können? Manchmal glaube ich, es ging Dir damals gar nicht darum, mir zu sagen, was richtig war. Es hat sich so ein Verdacht eingeschlichen, dass es Dir eher darum ging, mich zu verunsichern und unbewusst zu verhindern, dass ich es richtig machen konnte! War das Dein Trick, um Macht über meine Schwester und mich zu haben? Mein gesundes Selbstwertgefühl war insoweit gestört, dass ich als Kind meinen eigenen Gefühlen nicht mehr getraut habe. Ich kompensierte diesen Mangel an Selbstwertgefühl, indem ich besonders brav und angepasst war. Ideale Grundlage für faule Kompromisse in meinem Leben.

Ich weiß, Du hast es immer gut gemeint und auf Deine eigenen Bilder aus Deiner strengen und beschämenden Erziehung zurückgegriffen. Ich war damals als empfindsames, emotionales Kind leicht darauf zu konditionieren „lieb zu sein". Offen und wissbegierig spürte ich jede Form von Ablehnung. Mich in Zweifel zu stürzen war ein Kinderspiel. Ich war wie alle Kinder dieser Welt darauf angewiesen, geliebt und versorgt zu werden.

Als kleines Kind sah ich meine Persönlichkeit durch Eure Augen. Meine von Euch geborgte Identität setzte sich aus äußeren Spiegelungen meines Wesens zusammen. Ohne inneren Standpunkt war ich wie jedes Kind voller Vertrauen, dass Ihr mir ein ehrliches, meinem Alter und meinen Fähigkeiten gemäßes Feedback geben könnt. Ich habe damals alles gegeben, um eine positive Rückmeldung zu bekommen. Anerkennung war lebensnotwendig für mich. Dafür habe ich meine Echtheit verspielt. Aus dem liebenden Herzen des Kindes habe ich unbewusst meine Wahrheit verschenkt, um die Liebe von Papa, Mama oder Dir zu bekommen. Das ist das Drama aller Kinder, und doch war genau dieser Verlust der Keim für meine Wahrheitssuche – und erstaunlicherweise auch für die Wiederentdeckung meiner Herzensunschuld.

Glück war, dass Ihr Erwachsenen häufig in unserem kleinen Supermarkt wart. Da hatte ich Zeit fürs Alleinsein und konnte mit der spielerischen Eroberung meines Umfeldes experimentieren und für meine Seele einen positiven Gefühls- und Gedankenraum schaffen. In dieser kreativen Zeit des Alleinseins war ich frei, aber die Zeiten des gemeinsamen Lebens waren von der leisen Warnung begleitet, bloß nichts falsch zu machen.

Zur damaligen Zeit machten sich Erwachsene kaum Gedanken darum, was mit Kindern emotional los war. Eure Erwachsenenprobleme nahmen Euch in Beschlag. Ihr wart damit beschäftigt, den Alltag zu verwalten. Für mich fing eine Parallelwelt an. Eine Welt für mein Kinderdasein und eine für die Erwachsenenwelt. Die Wahrheit der anderen gewann mehr Bedeutung als meine eigenen Gefühle. Heute weiß ich, dass die Folge davon war, dass sich irgendetwas in mir verdreht anfühlte, irgendwie paradox. Jetzt kann ich dieses Gefühl benennen, das dazu führte, dass damals Beziehungen zu Erwachsenen unberechenbar und teilweise angstbesetzt waren. Geplagt von dem

Zwiespalt, wem ich vertrauen konnte: den Erwachsenen, von denen ich als Kind abhängig war, oder meinen Gefühlen.

Hast Du gewusst, was im Duden über die Paradoxie steht? Das Paradoxe sei das „augenscheinlich Widerspruchsvolle". Aber augenscheinlich war für mich damals gar nichts. Ich wusste noch nicht einmal, dass ich im Widerspruch zu meinen eigenen Gefühlen stand. Die nonverbalen Botschaften entschlüsselte ich mit der grundlegenden Bedeutung: Ich bin häufig verkehrt. Die Angst, etwas falsch zu machen, vergiftete mein Inneres. Zurück blieben ein Gefühl von Schuld und die krankhafte Neigung, sich schnell für alles verantwortlich zu fühlen, was schief lief.

Erinnerst Du Dich noch, dass meine Schwester und ich bis zum vierten Lebensjahr nachmittags schlafen sollten? Ich nutzte diese Zeit, um dem verdrehten Gefühl in mir zu entfliehen, indem ich mich in andere Welten voller Lichtpunkte und Energie begab. Mit der Fähigkeit der Kinder zur Hellsichtigkeit fiel es mir leicht, Energiewirbel und kleine Lichtwesen zu sehen, die sich in der Dämmerung über unserem Kleiderschrank zu bewegen schienen und meine Begeisterung und Faszination hervorriefen. Ich liebte Geschichten von Elfen und Zwergen. Kein Wunder, dass mir Energiewirbel und die Vorstellung von kleinen Wesenheiten auf unserem Kleiderschrank besser gefielen als die harte Realität.

Ich erinnere mich sehr deutlich daran, dass die Stärken von uns Kindern als gegeben und selbstverständlich angesehen wurden und die Schwächen ungewöhnlich oft und lange betont wurden. Du weißt, wie sehr ich Dich geliebt habe, aber Du hast es mir damals nicht leicht gemacht, meine Liebe auszudrücken und auf Dich zuzukommen. Heute verstehe ich viel besser den Hintergrund, vor dem Du gehandelt hast. Aber als Meisterin der versteckten Anspielungen waren wir Kinder mit der Umsetzung Deiner Erwartungen überfordert und verstanden die diffusen Anweisungen nicht. Immer wieder Anlass für beschämende Zurechtweisungen. Eins zu null für die Erwachsenenwelt! Ich weiß heute natürlich, dass Du von Deinen ursprünglichen Kindheitsverletzungen nichts wusstest. Du schienst darauf versessen zu sein, heimlich oder auch offen jede Situation zu kontrollieren und uns Kinder als die Schwächeren zu dominieren und zu beherrschen. In meiner Kinderseele hat dieser Machtmissbrauch eine Machtwunde hinterlassen und dazu geführt, dass ich in meinem Leben dazu neigte, mich dominieren zu lassen. Ich vermied es lange, eine eindeutige Führungsposition einzunehmen. Auch aus einer merkwürdigen, irrealen Angst heraus, man würde mir den Kopf abschlagen, wenn ich ihn aus der Masse herausstrecken würde. Als Erwachsene konnte ich dem unbewussten Wiederholungszwang, mich zu unterwerfen oder selbst zu dominieren, nur entgehen, indem ich mich zurückerinnert habe, mir den Spiegel der gewonnenen Einsichten vorgehalten habe und in dieser Selbstreflektion Verantwortung für mein Handeln übernommen habe.

Auch wenn ich Dir natürlich unterstelle, dass Du immer Dein Bestes gegeben hast und es gut gemeint hast, bin ich zu der Einsicht gelangt: „Gut gemeint ist das Gegenteil von gut!" Ich glaube kaum, dass Du überhaupt wahrgenommen hast, wie unglaublich ich mich anstrengte, keine Fehler zu machen. Wer wird schon gerne beschämt? Aber durch die Märchen und Sagenstunde kannte ich durch Dich auch einen Ausweg: träumen, Visionen entwickeln und die Visionen dadurch erreichen, dass ich das Unmögliche für möglich hielt. Dem erwachsenen Leben wieder eine ganz eigene Magie geben. Gut, dass es diese verschieden empfundenen Welten gab. Als Kind war ich in meiner Zauberwelt sicher. Dort herrschte paradiesische Entspannung und das vergiftete Gefühl von Scham, das mich schnell überfluten konnte, konnte ich für eine Weile vergessen. Mit dieser Erfahrung verband ich mit dem Erwachsenwerden auch, meine Ohnmachtsgefühle hinter mir zu lassen und das Gefühl der Einheit aus meiner Zauberwelt zu bewahren.

Ein Gedanke aus Kindertagen hat sich mir ins Gedächtnis eingegraben: „Wenn ich groß bin, wird alles viel besser, dann kommt ein Prinz vorbei, und den werde ich aus seiner Verzauberung retten." Ausdruck meiner magischen Helferidee. Auf der einen Seite war es ein Glück, dass ich mir so eine wunderbare, magische Märchenwelt bis ins Erwachsenenleben hinein erhalten habe. Aber auf der anderen Seite wurde durch die Vorstellung vom „guten Menschen" der

Märchen meine Neigung verstärkt, nur Gutes zu erwarten, was dazu führte, mich im realen Leben leicht übers Ohr hauen zu lassen.

Mit fünf Jahren pendelte mein innerer Zustand zwischen magischen Träumereien und ängstlichem Sichanpassen hin und her, eben himmelhoch jauchzend, zu Tode betrübt. Mit den verdrehten Gefühlen eines beschämten Kindes.

Ich glaube, Du kennst diesen Teil der Paradoxie in Dir selbst, daher erzähle ich Dir von meinen verdrehten Gefühlen. Ich mache Dir keinen Vorwurf mehr, weil ich weiß, dass dieser Teil der Beschämung mich aus meinem Dornröschenschlaf geweckt hat. Manchmal habe ich mich gefragt, seit wie vielen Generationen wir Frauen dieses Gefühl der inneren Taubheit und Beschämung teilen. Es fühlt sich heute noch wie eine alte Geschichte an.

Gerade geht die Sonne am Horizont unter und das Licht wirft die rotgoldene Glut mit dem Schatten des Fensterrahmens in den Raum. Ich bin in meinem Herzen berührt und halte inne. Mein magisches Kinderherz will der Schönheit des Sonnenuntergangs meine ganze Aufmerksamkeit schenken. In diesem Moment gibt es nur den Sonnenuntergang und mich – ein magischer Moment. So ein Sonnenuntergang ist ein Herzöffner und bringt mich ganz aus meinem manchmal so analytischen Kopf heraus.

Bis bald, ich umarme Dich,

Anita

Die Magie des inneren Kindes

L iebe Oma Berta,
schön, dass ich so berührbar bin von der Magie des Moments und der Worte und der Zauberdinge. Ich habe gelernt, auch wenn die Helden und Heldinnen in den Märchen häufig geprüft wurden, haben sie glücklicherweise immer ihr Ziel erreicht. Dem Mut der Helden wollte ich als Kind immer nacheifern. Kannst Du Dich noch an die Goldmarie aus „Frau Holle" erinnern? So wollte ich immer sein: flei-ßig, spontan und beherzt. Marie arbeitete, bis ihre Finger vom Spinnen blutig waren. Als sie ihre Spule abwusch, entglitt sie und fiel in

den Brunnen. Beherzt sprang Marie nach. Mit der Spontanität des Kindes folgte sie den Hinweisen ihres Schicksals und konnte sich bei ihrer nachfolgenden, inneren Arbeit auf ihren Fleiß verlassen. Auch in schwierigen Zeiten vertraute sie ihren erworbenen Fähigkeiten. Marie, stellvertretend für alle weiblichen Persönlichkeiten, die sich mit ihr identifizieren, begegnet symbolisch der Urmutter Frau Holle. Ihr unschuldiger, innerer Anteil kann auf die Liebe und Spontanität ihres inneren Kindes vertrauen. Marie fügt sich in die neue Umgebung ein, lässt ihr Herz offen und fühlt sich damit am richtigen Platz. Frei nach dem Motto: „Zuhause ist dort, wo dein Herz ist." Belohnt wird sie auf dem Nachhauseweg mit innerem Glanz. Eine Ausstrahlung, die nie mehr verblassen wird. In dunklen Stunden leitete sie ihre kreative Lebendigkeit und die Magie der Liebe. Eine Fähigkeit, die durch Achtsamkeit in der Lage ist, den Dingen eine Seele zu geben. Ich wollte genauso dem Leben zustimmen und in stürmischen Zeiten mein Herz offen halten. Das Leben nicht in seinen Unvorhersehbarkeiten fürchten, sondern es als Geschenk annehmen. Dieses Märchen lehrte mich, dass ohne die Kraft der Urmutter, die uns beschützt, unsere kindliche, vertrauensvolle Natur leicht missbraucht wird.

Einige Jahrzehnte hat es in meinem Leben gedauert, bis ich unterscheiden konnte, wann es richtig war, das Herz offen zu halten und abzuwarten. Und im Gegensatz dazu zu erkennen, wann Handeln angesagt ist. Manchmal wollte ich aus lauter Harmoniebedürfnis einen Konflikt mit allen Mitteln vermeiden. Auf lange Sicht gesehen habe ich dabei gelernt: Konflikte, die ich vermeide, obwohl ich sie austragen müsste, kommen nach Jahren wie ein Bumerang wieder zu mir zurück. In einer anderen Verkleidung trifft ein augenscheinliches Unrecht als neues Ereignis auf die mit großem Kraftaufwand zurückgehaltene Energie des alten Ärgers und potenziert den vermiedenen Konflikt. Besonders fatal, weil unerledigte Konflikte unbewusst von meinen immer wiederkehrenden Vermeidungsgedanken genährt wurden. Endlose Gedanken, die wie um ein Denkmal flossen und sich mit viel Kraft in mein Gedankenfeld einnisten konnten. Den Konflikt, den ich unbedingt vermeiden wollte, rief ich damit unumstößlich hervor.

Was hätte es für andere Möglichkeiten gegeben? Konsequent zu handeln, zu kämpfen, für mich einzutreten – ich wäre mit den Konsequenzen meines Handelns direkt konfrontiert worden. Das kann richtig oder falsch sein. Aber entweder wäre die Chance vermasselt gewesen oder ich hätte den Karren herumgerissen. Damals bin ich teils aus Angst vor einem Verlust, aber auch aus beschützender, falsch verstandener Liebe heraus grundlegenden Konflikten meist aus dem Weg gegangen. Dafür habe ich einen hohen Preis gezahlt. Dieser Preis erinnerte mich lange schmerzhaft an Situationen, in denen ich mich innerlich aufgegeben habe und nicht für mich eintrat.

Dass diese falsch verstandene Liebe und mein Harmoniebedürfnis sich mit den magischen Wünschen meines inneren Kindes deckten, erkannte ich erst viel später. Friedvolle Zustände, geborgen und harmonisch leben – eindeutiges Wunschdenken des inneren Kindes und meines Naturells. Ich weiß heute, dass für das innere Kind „gut sein" und Treue wesentlich sind – sie sind die ursprüngliche Substanz der Kinderseele. Die Sehnsucht meiner Kinderseele nach paradiesischen Zuständen war immer in mir gegenwärtig. Der harmoniesüchtige Teil wollte mit der Welt da draußen, die widersprüchlich ist, nichts zu tun haben. Meine Kinderseele suchte Wärme und Geborgenheit und kollidierte damals mit dem Machtanspruch von Dir und auch Papa und Mama. In dem nördlichen Erinnerungszimmer meiner Kindheit fanden sich davon nur bruchstückhafte Erinnerungen. Ich war wie alle anderen schock- und schamgeprägten Kinder mit einem Teil meines Wesens in den alten Bildern der Kindheit stecken geblieben.

Teile dieser alten Bilder lagen noch immer im dunklen Zimmer des Vergessenen. Ich scheute mich, noch einmal hineinzugehen, da ich nicht wusste, in welcher Ecke ich suchen sollte. Hast Du gewusst, dass eine Beschämung oder Verletzung der Kinderseele dazu führt, dass die Persönlichkeit in diesem Bereich nur unzureichend wachsen kann? Der Persönlichkeit fehlt jener Teil der Erinnerung, der im Zimmer des Vergessenen eingeschlossen ist. Das Bild bleibt zersplittert. Ich kenne einige Erwachsene, bei denen die Persönlichkeit in diesem traumatisierten Zeitrahmen stecken geblieben ist. Äußerlich sehen sie aus wie zu groß geratene Kinder. Sie fallen ihren Mitmenschen dadurch auf, dass sie in Konflikten anfangen zu maulen und den anderen zu verhöhnen. Die Drei- oder Fünfjährigen ergreifen deutlich Besitz von ihnen. Aus diesen unerkannten seelischen Verletzungen heraus, werden unbewusst Botschaften von Generation zu Generation weitergegeben.

Aber dennoch kam wieder die Zeit, die Tür zum Zimmer der vergessenen Kindheitswunden zu öffnen. Intensiv begann ich vor mehr als zwei Jahrzehnten, sie mithilfe der Primärtherapie zu öffnen. Ein tiefer Urschmerz aus dem vergessenen seelischen Teil meines Lebens stieg nach oben. Aus der Zeit, als ich ungeboren und ungeschützt war, und aus der sensiblen Zeit nach der Geburt. Es ist der primäre Schmerz des inneren Kindes, ein wortloser Schrei, der tief aus dem unteren Bauch aufsteigt, nur mit einem Schluchzen verbunden. Dieser sich selbst erlösende Schrei setzt die Energie frei, die sonst zur Zurückhaltung des Schmerzes gebraucht wird.

Nach der Entladung dieses existenziellen Schmerzes fühlte ich mich erleichtert und geradezu körperlich befreit. Danach ging es in einer Übung darum, sich bewusst zu machen, wie bestimmte Sätze von Autoritätspersonen – Eltern, Großeltern und Lehrern – mich grundlegend geprägt haben. So ein Satz wie: „Wir sind eine anständige Familie." Oder: „Du bist zu dumm, um die Tür aufzuschließen." „Das lernst du nie!" Das waren meine Sätze. Aber wir kennen alle auch den viel zitierten Satz: „Solange du die Füße unter meinen Tisch steckst, machst du, was ich sage!" Eine andere Frau hatte den furchtbaren Satz, den ihre Mutter zu ihr als Kind sagte: „Du bringst mich noch ins Grab!" Ich glaube, Du hörst aus diesen Sätzen heraus, wie sie die Kinderseele mit tiefen Schuldgefühlen vergiften.

Die ursprünglichen Kindergefühle waren mit den wenigen Sätzen wieder gegenwärtig. Und wenn ich meine Augen schloss, stiegen die mit diesen Gefühlen verbundenen Bilder wieder in mir auf – ich fühlte mich als Opfer der Situation. Aber es stiegen auch Erinnerungen und Gefühle auf, mit denen ich den alten Schmerz vermeiden wollte und in denen ich Strategien entwickelt hatte, um ihn in seiner ursprünglichen Intensität zu vermeiden. Man nennt sie auch vorgeschobene oder sekundäre Gefühle. Dank der therapeutischen Begleitung konnte ich mich dem ursprünglichen Schmerz stellen und ihn mir sehenden Auges anschauen: Erstaunlicherweise löste er sich dadurch wie eine Wolke auf. Endlich wurde auch meinem Verstand klar, dass die erschreckende Situation vorbei war, die im Raum des Vergessenen eingeschlossene Kraft wurde so aus dem Zeitrahmen des Schocks und der Scham erlöst.

Die Therapie kannte noch eine weitere, sehr effiziente Methode, sich über die Ursprungsgefühle des inneren Kindes bewusst zu werden: Ein Kissen oder Bodenanker dient als Platz für das innere Kind. Für die Autoritätsperson wird ein anderes Kissen hingelegt. Verblüffend, dass ich damit in der Lage war, die alten, abgetrennten Gefühle sinnlich wahrzunehmen. Von einem dritten Kissen wurde der Jetztzustand meiner Persönlichkeit, das „bewusste Ego" oder der „Beobachter", repräsentiert. In meiner therapeutischen Sitzung saß ich zunächst auf dem Kissen des inneren Kindes, was mich so schockte, dass alle Gefühle wie abgeschnitten waren. Erstaunlicherweise reagierte ich in dem Moment, als der Therapeut das Kissen der Autoritätsperson auf mich in der Position des Kindes zuschob. Ich fühlte urplötzlich Angst. Ohne die wirkliche Anwesenheit meiner Eltern oder von Dir erreichte das Heranziehen des Kissens eine Veränderung meiner körperlichen Empfindungen. Ich kann gut verstehen, dass Dir dies erst einmal merkwürdig vorkommt – ich konnte mir diese energetische Erfahrung selbst erst nicht erklären. Probiere es einmal aus und Du wirst überrascht sein, wie sich Dein innerer Gefühlzustand durch die Bewegung eines einfachen Kissens verändert, und das nur weil Du dem Kissen energetisch die Bedeutung einer Person gegeben hast, mit der Du einen Konflikt hattest.

Du glaubst gar nicht, wie erfreut ich war, durch diese Übungen emotional meinen Körper wieder wahrzunehmen! Meine eigene Wahrnehmung wurde durch die Beobachtungen des Therapeuten ergänzt: „Du hast die Schultern ganz hochgezogen, als ob Du Dich schützen wolltest" oder: „Du hast den Mund zusammengepresst, als ob Du kein Wort sagen wolltest". Mit diesen zusätzlichen Spiegelungen meines Körperausdrucks wurde mir meine eigene Körpersprache bewusst. Als ich auf dem Kissen der Persönlichkeit, dem „bewussten Ego", saß, konnte ich die unterschiedlichen Gefühlszustände erkennen und einordnen. Der Dialog zwischen meinem inneren Kind und der „Autorität" erhellte mein Wissen um die Ursachen meines Konfliktes mit Dir. Meine Gefühle waren anschaulich geworden.

Die Zersplitterung meiner Wahrnehmung war gleichzeitig an den Verlust meiner ursprünglichen Körpergefühle gebunden. Für mein inneres Kind, das sich ursprünglich als Einheit von Körper und Geist empfand, begann dieser Verlust mit der Sprache und verstärkte sich mit der Fähigkeit des logischen Denken bis in mein fünftes Lebensjahr. Jetzt, nach all den Jahren, fügten sich die Teile langsam wieder zu einem Ganzen. In den Kindertagen bereitete diese Zersplitterung mir geradezu innerliche Schmerzen, die sich nun über die endlich geweinten Tränen auflösten. Ausgeprägte Abwehrstrategien hatten mich bislang vor diesem ursprünglichen Schmerz bewahren sollen. Eine dieser Strategien war die Verneinung eines Problems und gipfelte manchmal darin, dass ich meine Probleme gar nicht wahrnahm und nur noch die Probleme der anderen sah. Im Laufe dieser primären Gefühlsarbeit erkannte ich, welch große Hilfe ich als Elternteil und Mutter durch diese Arbeit erfahren konnte. Mir wurde die gefühlvolle Fragilität meines inneren Kindes bewusst. Plötzlich wusste ich wieder von den Nöten des Kleinkindes und öffnete mein Herz allen Kindern. Endlich hatte ich wieder ein Bewusstsein meiner eigenen Verletzlichkeit. Und dieses Bewusstsein, dieses Wissen machte mich frei: Ich musste nicht mehr mit kindlichem Trotz in Konflikten reagieren. Ich fühlte die Verantwortung für meine eigene Verletzlichkeit. Ich konnte mich durch all diese Erfahrungen meines inneren Kindes endlich mit meinem erwachsenen Teil schützend vor diesen verletzlichen Teil stellen.

Es ist schon spät geworden. Gute Nacht,

Anita

Meine Suche nach dem verlorenen Paradies

L iebe Oma Berta,
diese Erfahrungen erinnern mich nicht nur an meine frühe Kindheit, sondern auch an das Zarte, Dünnhäutige meiner Töchter, als sie Babys waren. Die Haut fast durchsichtig und fast ohne Grenze. Ich konnte mir plötzlich vorstellen, wie alle Gefühle von Traurigkeit, Freude und Ärger ihnen buchstäblich unter die Haut gingen. Auch wenn ich mich an diese Zeit nicht mehr erinnern kann, weiß ich, dass Babys für ihr Wohlbefinden unseren Schutz brauchen. Kommt dieser Schutz nicht von den Eltern, bilden sich Verteidigungsschichten gegen diese Energien. Schon früh versucht eine Muskelschicht diese Verletzlichkeit zu schützen, die Tür zum Raum des Vergessenen dient dazu, schmerzvolle Energie abzuwehren, sie buchstäblich draußen zu halten. In der zweiten Schicht des menschlichen Wesens sind Schock- und Schamerlebnisse gespeichert. Das verwundete Kind ist die dritte Lage unserer Persönlichkeitsstruktur. Sie liegt tief in unserem Inneren verborgen; alle Verletzungen fest in kleinen Päckchen verschnürt. Im reinen, ungetrübten Zustand des inneren Kindes kann die Energie hingegen frei fließen und alle Gefühle können ungehindert ausdrückt werden. Doch dieser ursprüngliche Zustand wird durch die Überlebensstrategien der Eltern, Regeln der Gesellschaft und die Religion verletzt; Individualität und spontaner Ausdruck von Gefühlen werden im Lauf der Erziehung erfolgreich unterdrückt. Möglicherweise ein notwendiger Verlust, denn genau dies brachte mich dazu, mich auf die Suche nach meinem wahren Kern, meiner Herzensunschuld und meinem verlorenen, inneren Paradies zu machen.

Meine größte Wunde war damals: mich unwert zu fühlen und meine Angst, deshalb verlassen zu werden. Lange Zeit sah ich keine andere Möglichkeit, als meine Verletzlichkeit mit den Gefühlen der Wut und Verzweiflung und dem Gefühl, irgendwie betrogen zu sein, zuzudecken. Ich deckelte meine Lebendigkeit und war mit meinen Abwehrstrategien beschäftigt. Letztlich verwechselte ich so leben mit überleben.

Aus der Tiefe meines Herzens,

Anita

Beziehungen

Liebe Oma Berta,
    weißt Du eigentlich, dass Du als Großmutter ganz wörtlich meine große Mutter bist? Als kleines Kind hatte ich manchmal Angst vor Dir, ähnlich wie vor Frau Holle im Märchen, von der Du mir vorgelesen hast. Mit ihren großen Zähnen verkörpert sie eine bestimmte Wildheit, und heute weiß ich, dass sie ein Synonym für die große Mutter ist. Ungefähr so viele Erwartungen wie Frau Holle an Goldmarie hast Du an mich gestellt. Ihr hattet wohl beide für Eure Anvertrauten nur das Gute im Sinn. Es gab Pflichten und dafür Nahrung, die den dunklen oder den hellen Teil in uns genährt hat. Seit ich mich von meinem erwachsenen Standpunkt aus mit meinem Kinderdasein auseinandergesetzt habe, verstehe ich Dich und mich und Deine Rolle in meinem Leben viel besser. Daher möchte ich Dir gerne von den Bindungen zwischen Eltern und Kindern aus dem Kindererkenntnisraum im Parterre erzählen.

Ich kenne nicht viele Kinder, die das Glück hatten, in einer sicheren, ungetrübten Bindung zu ihren Eltern aufzuwachsen. Kinder, bei denen ich beobachten konnte, wie sie ein entspanntes, sicheres Gefühl zu sich selbst und ihrem Umfeld entwickelten, waren eher rar gesät. Entspannte Kinder, die eine Basis hatten, auf die sie sich im Kontakt mit fremden Menschen zurückbesinnen konnten. Ich habe oft Kinder getroffen, die trotz schlechter Erfahrungen mit ihren ersten, wichtigen Beziehungen immer noch den Erwachsenen vertrauten. Es bedarf schon eines großen Schlamassels, ehe Kinder nur noch misstrauisch sind. Alle Kinder sind abhängig von ihrem Umfeld und verbringen einen Großteil ihrer Kindheit damit, auf die emotionalen Zustände der Eltern zu reagieren. Das ist der einzige Parameter, aus dem sich im Kindesalter der eigene Status innerhalb einer Beziehung definiert.

Wie sehr Erwachsene Kindern einen Orientierungsrahmen geben, wurde mir erst im Laufe dieser intensiven Studien in vollem Umfang bewusst. Kinder nehmen am Verhalten der Erwachsenen maß. Wie werde ich gespiegelt in dem, was ich tue? Wie klar und kraftvoll ist der Spiegel, den die Eltern oder Großeltern mir vorhalten können? Nach welchen Regeln komme ich als Kind ungestraft durch die Zeit? Ein Kind ist schnell fähig, einen individuellen, inneren Zustand herzustellen, um die Bindung zu jedem Einzelnen in der Familie zu festigen. Den Zustand zu kopieren, der Mama oder Papa ähnelt. Jetzt fragst Du Dich vielleicht, wie schaffen Kinder das? Sie sind Meister der Anpassung und wahre Überlebenskünstler. Wie sich so ein Anpassungsgenie entwickelt, beschreibe ich dir am besten – aufgrund meiner jetzigen Erfahrung – anhand der Beziehung zwischen Mutti und mir:

Nehmen wir einmal an, dass es bis zum Alter von 9 Monaten für mich als Baby im Zwischenmenschlichen mit meinen Eltern ziemlich gut gelaufen ist. Die menschliche Zuwendung hätte in meinem kleinen Gehirn bestimmt Verbindungen über die Spiegelung der mir entgegengebrachten Liebe geknüpft und so die Vorbedingung für ein zukünftiges soziales Wesen geschaffen. Ich würde mich bildhaft an das Gesicht von Papa, Mama und auch Dir erinnern. Beim Auftauchen des Gesichts von Papa oder Mama oder Dir reagiere ich mit einem wohligen Gefühl im Bauch, das ich aus der Erfahrung in der Vergangenheit schöpfen könnte.

Bis zu diesem Zeitpunkt lag ich wahrscheinlich brav im Bettchen oder saß in der Küche auf einer Decke. Die Beweglichkeit meiner Arme und Beine ermunterte mich, jetzt mein Umfeld zu erkunden. Ich stelle mir vor, wie ich umherrobbe oder krabbele, an der Tischdecke ziehe und das eine oder andere kleinere oder größere Malheur verursache. Also die erste Zeit der strengen Blicke, vorbei die Zeit des wohligen Angenommenseins. Das paradiesische Gefühl von „alles ist in Ordnung" und „ich werde so geliebt, wie ich bin" ist im Krabbelalter sehr gefährdet. Mutti fühlt sich vielleicht von den ständigen Aktivitäten gestresst. Mit der daraus entstehenden Frage, wo sie Unterstützung herbekommen könnte. Das weiß ich noch von ihr, dass sie von Papa mehr Interesse am Familiengeschehen erwartet hat. Angenommen, ihre Frustration über die alleinige Verantwortung hätte sie gereizt und mir gegenüber abweisend gemacht. Unser Bindungsmuster der freundlichen Spiegelung zwischen uns wird so unterbrochen. In diesem Fall hätte ich mich als Kind böse und zu-rückgewiesen gefühlt.

In meinen Kindertagen konnte ich durch die Präsenz von Mutti und Dir abwechselnd mal bei ihr oder dann mal bei Dir Trost suchen. Wenn es Stress mit Dir gab, war ich meiner Schwester ganz nah oder es lief mit Mama ganz gut. Diese wechselnden Gemeinsamkeiten ha-ben mein kindliches Beziehungsfeld gestärkt.

Hätte es in meinem Leben einen großen Mangel an Zuwendung gegeben, weiß ich heute, dass negativer Kontakt paradoxerweise viel stärker an die Bezugsperson bindet als liebevolle Beziehungen. Zum Glück blieb mir das erspart. Eindeutig negativ geprägte Bindungen sind voll von enttäuschter Liebe und nähren Rachegelüste. Die al-ten Gefühle scheinen wie Papageien zu sein, sie überleben lange und plappern stereotyp alte Verletzungssätze nach. Sie geben damit der schlimmen Vergangenheit immer neue Nahrung. Die ständigen Ne-gativmeldungen des Gehirns werden in Abwehrmechanismen umge-setzt. Der Deckel wird auf den furchterregenden Gefühlen gehalten, sie führen zu einer ausgewachsenen Depression.

Später, in meiner Praxis, habe ich häufig beobachtet, wie ambi-valente Kontakte zwischen Eltern und Kind ein Mangelgefühl beim Kind erzeugt haben. Dieses Mangelgefühl in der Kindheit bringt die späteren Erwachsenen als Eltern dazu, trotzig und wütend an ihren Erwartungen, sogar gegenüber dem eigenen Kind, festzuhalten. So versuchen sie doch noch das zu bekommen, von dem sie glauben, dass es ihnen zusteht. Solche „Kind-Eltern" verstehen sich als Op-fer. Sie können auf die Bedürfnisse ihres Kindes nicht angemessen eingehen. Sie werden auch gegenüber dem Therapeuten wütend die These vom bösen Kind vertreten, weil sie sich nicht eingestehen, dass sie dieses Kind nie richtig lieben konnten. Die Ursachen sind vielfältig, wenn wir durch das eigene Kind weder einen Kontakt zur eigenen Seele noch zur Seele des Kindes bekommen. Manch-mal liegt dies am fehlenden Mutter-Kind-Bonding. Oder das Kind stammt aus der ersten Ehe und erinnert an den gehassten ersten Partner oder die verachtete Partnerin. In diesen traurigen Fällen wird das Fluidum der Kinderseele nicht mit Achtsamkeit, Respekt und Liebe genährt, sondern mit Abwehr und Hassgefühlen, fast bis hin zum Vernichtungswillen. Schrecklich, was wir alles unseren Kindern unbewusst antun können und auch was uns angetan wurde! Ich habe allerdings herausgefunden, dass nicht das, was wir uns gegenseitig antun, unsere Erkenntnis verhindert, sondern dass das Erstarren im Schmerz der Vergangenheit uns hindert, wieder heil zu werden. Die Angst vor dem tief sitzenden Schmerz verweigert uns die Einsicht, dass die Vergangenheit vorbei ist. Erst wenn wir den Schmerz befreit haben, erinnern wir uns wieder an die bedingungslose Liebe, es fällt uns dann leicht, von unseren Kindern zu lernen, wieder unschuldig zu lieben.

Ich hab Dich lieb,

Anita

Bindungsmuster

*L*iebe Oma Berta,
heute möchte ich Dir erzählen, was ich von den unterschiedlichen Bindungen weiß.

Ideale Bindung

In der idealen Eltern-Kind-Beziehung spiegelt meist ein Elternteil oder spiegeln beide Eltern den emotionalen Ausdruck des Kindes. Erinnerst Du Dich noch, wie wir die Mundbewegungen von meiner ersten Tochter Ina nachmachten? Wir bewegten unsere Zungen ge-

41

nau wie sie, raus und rein, und wir hatten einen Riesenspaß dabei. Unbewusst haben wir damals durch unsere Aufmerksamkeit ihr Verhalten auf angemessene Weise gefühlsmäßig kommentiert. Bei dieser eher spielerischen Spiegelung gab es für Ina keine verwirrenden Botschaften. Die Momente der Übereinstimmung stärkten die Liebe. Solche Momente ermöglichen einem Kind, das Alleinsein auch als positiven Moment zu erleben. Das Kind fühlt sich in der gemeinsamen Zeit gesehen und drückt dies durch Blickkontakt aus. Ein gesundes Kind braucht auch Zeiten, zu denen es sich zurückziehen kann. Wenn Eltern empfänglich sind für die Signale des Kindes, entsteht eine Resonanzbeziehung, die soziale Beziehungsfäden knüpft. Eltern und Kind knüpfen mit ihrer Liebe gleichermaßen diese Fäden. Die Eltern antworten lächelnd auf das Kleinkind und unterstützen diese Verbindung mit Worten und Berührungen. Das Kind wird in seinem Wesen bestätigt: Basis für zukünftiges Selbstbewusstsein, begleitet von gesundem Selbstwertgefühl.

Die biologische Verwandtschaft vereinfacht die Beziehung. Wie zum Beispiel die Feststellung: Sie hat unsere braunen Augen und ist sonst ganz der Papa. Ständiger Kontakt, Berührungen, Vorsingen oder Vorlesen von Geschichten oder wie bei Dir von Märchen stärken das Bindungsgeflecht. So ein vertrauensvolles Feld mit unterschiedlichen Bindungen zu Eltern, Großeltern und Tanten verstärkt den Herzenskontakt des Kindes. Bei den Eltern stabilisiert körperlicher und seelischer Kontakt die Verbindung, die schon bei der Zeugung entstanden ist. Je positiver die vielen menschlichen Kontakte verlaufen, umso leichter ist es für das Kind, zukünftig auf andere Menschen zuzugehen und sich für sie zu interessieren.

Da fällt mir ein, dass bei den Urvölkern die Mütter bis zum dritten Lebensjahr ihre Kinder nah am Körper tragen und so nicht nur im ständigen Körperkontakt sind, sondern sich auch häufig im Augenkontakt mit den Kleinkindern befinden. Die Körper- und Blicknähe als emotionale Verbindung lässt die Augen der Mutter strahlen und das Kind fühlt sich auf positive Art in seinem Da-Sein gespiegelt. Spiegelung ist die Grundlage für kindliche Lebensäußerungen und emotionale Resonanz. Weißt Du noch, wie Du mir später von den

Zeiten erzähltest, in denen Du mich als Baby in den Armen hieltest? Du konntest dann Vorstellungen in mir wachrufen, obwohl ich mich nur durch Dich an diese Momente erinnern konnte. Deine Erzählungen knüpften ein Band des Vertrauens.

Wie groß unser Bedürfnis nach Bindung ist, erkenne ich daran, wie oft wir eher unbewusst jemanden imitieren oder unbewusst mitlächeln. Dabei genießen wir es am meisten, wenn wir zwischenmenschlich manchmal ganz leicht, wie selbstverständlich, in Resonanz gehen, es als wohliges Körpergefühl genießen, uns verstanden zu fühlen. Etwas wird in uns zum Klingen gebracht wie die Saite eines Instrumentes, die mit einer anderen in Einklang schwingt.

Ob die von Giacomo Rizzolatti entdeckten Spiegelneuronen für die Entwicklung unserer Empathie und unser spontanes Verstehen zwischenmenschlich eine Rolle spielen, wird in der Wissenschaft kontrovers diskutiert. Ob bewiesen oder nicht, die Spiegelung unseres Verhaltens unterstützt das Zugehörigkeitsgefühl und verstärkt durch die Liebe und Zuneigung von der ersten Stunde der Geburt die soziale Kompetenz und emotionale Intelligenz des Kindes. Bei Angst und Stress schwindet unsere Fähigkeit jedoch, sich in die Position eines anderen hineinzuversetzen und somit sozial und einfühlend zu sein. Bei manchen krankhaften, narzisstischen Persönlichkeitsstörungen ist die Fähigkeit zur Spiegelung kaum vorhanden. Diese Menschen wurden in ihrer Kindheit meist emotional von ihren Eltern oder einem Elternteil missbraucht und entwickeln dadurch eine bösartige Egozentrik, die sich hinter scharfzüngigem Spott und Herablassung oder Unsicherheit gepaart mit Aggression verbirgt. Sie beißen, wenn man ihnen zu nahe kommt. Ihre Ressourcen wurden in ihrer Kindheit für die Bedürfnisse der Erwachsenen ausgenutzt, was wohl dazu führt, dass sie später nach Menschen Ausschau halten, deren Ressourcen sie selbst ausbeuten können. Ihnen fehlte in der Kindheit verlässlicher Augen- und Seelenkontakt. Und so täuschen sie Emotionen vor, um Interesse zu wecken, und bleiben innerlich doch meist unbeteiligt. Sie absorbieren positive Emotionen, die ihnen von anderen Menschen entgegengebracht werden. Sie können nicht, wie ein Mensch, der eine liebevolle Kindheit hatte, auf ihre Erinnerung liebevoller Spiegelung zurückgreifen und so Mitgefühl empfinden oder im angemessenem Falle verstärken, sondern verschwinden geradezu in einem schwarzen Loch, in dem sich nur Misstrauen und gleichzeitig ein immerwährender Hunger nach Liebe befindet. Da sie der Liebe nicht vertrauen, kompensieren sie ihren nahezu unstillbaren emotionalen Hunger mit Macht, mit der sie sicherstellen wollen, dass ihnen eine Gefühlsquelle erhalten bleibt. Erschreckend, nicht wahr?

Nichtorganisierte Beziehungen

Die Beziehung zwischen Eltern und Kind kann oft verwirrend sein, besonders wenn ein Kind einen Elternteil als gefährlich erlebt. Wenn Vater oder Mutter schreien oder das Kind misshandeln. Ich erinnere mich noch an den trunksüchtigen Nachbarn, der, wenn die kleine Ella nicht brav war, seiner Frau den irrwitzigen Satz zuschrie: „Schlag sie tot, dann ist sie weg!" Dennoch will ein Teil des Kindes die Verbindung zu den Eltern halten, aber ihre Überlebensstrategie zwingt sie, sich äußerlich oder innerlich abzuwenden. Wir kannten auch solche Kinder. Weißt Du noch, wie ein Junge, der eigentlich zwei Straßen weiter wohnte, Heidi ohne Vorwarnung und Grund einfach mit einem Knüppel auf den Kopf schlug? Kinder reagieren auf diesen verwirrenden, inneren Zustand ihres Zuhauses mit Aggression bei Schwächeren. Wer sich zu Hause unterlegen fühlt, kämpft in der Peripherie, um wenigstens dort seine Überlegenheit zu spüren.

Kinder aus nichtorganisierten Beziehungen verbringen ihr Erwachsenendasein damit, die Tür des Vergessenen mit vielen Schlössern zu versehen. Sie haben ihre Erinnerung ganz vergessen oder nur eine vage Idee von ihrer Kindheit. Ihr rettender Glaubenssatz ist dann lange oder sogar für das ganze Leben: Beziehungen sind unwichtig. Reiner Überlebensmechanismus! Der kindlich traumatisierte Teil versteinert. Eingesperrt in den Raum des Vergessenen und Verdrängten, ist er isoliert von den anderen inneren Reife- und Altersstufen eines Menschen und bleibt somit losgelöst von neuen, positiven Erfahrungen. Der traumatisierte, schlafende Dornröschenteil kann nicht von gegenwärtigen, neuen, positiven Erfahrungen profitieren. Ihr Zimmer des Vergessenen bietet ein wahnsinnserregendes Bild, von dem das Gedächtnis nichts weiß, aber der Körper erinnert sich und es zeigt sich in den Augen des Betroffenen, dem zusammengebissenen Kiefer und in den hoch gezogenen Schultern. Um den Schatz der Erinnerung aus dem Dunkel des Vergessenen und Verdrängten heben zu können, braucht es jedoch Gespräche mit Tanten, Geschwistern oder auch ein Fotoalbum. Wer so verwundet wurde, braucht den Satz des Therapeuten: „Ich freue mich so, dass Du da bist. Wir haben auf Dich gewartet." Sätze sind bedeutungsvoll, zu hören, dass es Menschen gibt, die Dich schätzen und dass du einen Platz in dieser Welt hast, ist unendlich wichtig. Endlich kann sich das Herz öffnen, oft steigen Tränen auf. Tränen erkennen das Gewesene an und bringen die angstvoll zurückgehaltene Verdrängung wieder in Fluss.

Ich habe am eigenen Leib erfahren, dass körperorientierte Psychotherapien die Lösung von Bindungstraumen ermöglichen. Wir fangen an, dem Traumatisierten wieder Sicherheit in einer Bindung zu vermitteln, und dazu gehört, dass er auch wieder vertrauen kann – besonders in Zeiten des Alleinseins. Die alten bedrohlichen Bilder werden durch geglückte Erlebnisse von Beziehungen ausgetauscht.

Vermeidende Bindung

Bei vermeidenden Bindungen sind die Eltern selbst so stark traumatisiert, dass sie emotional nicht durchgängig für ihre Kinder da sein können. Sie vermeiden aus eigener schlechter Erfahrung, sich zu binden, und geben so ihre eigenen Traumen unbewusst an ihr Kind weiter. Für das Kind fühlt sich dies an, als ob es ständig am Rande eines Abgrundes steht. Es gibt keine Situation, die vorhersagbar ist – was für ein Kind sehr aufreibend ist, da es sich nicht darauf verlassen kann, Zuwendung zu erhalten. Seine Überlebensstrategie ist es, sich besonders auf den es versorgenden Menschen zu konzentrieren, denn hier scheint es leichter zu sein, die Bestätigung und Zuwendung zu erhalten, die es dringend benötigt. Der Nachteil daran ist: Es wird den anderen wichtiger nehmen als sich selbst – und dieses Muster wird es auch als Erwachsener beibehalten. Das Fatale daran: Sollte das innere Kind als Erwachsener endlich das Richtige in einer

Beziehung bekommen, erkennt dieser Mensch schmerzvoll, dass er das, was er als Kind gebraucht hätte, nicht bekommen hat und verschließt sich aus Angst vor dem tiefen Erlebnis der erlösenden Liebe.

Auf meiner großen Suche habe ich zum Glück immer wieder Menschen gefunden, die mich in meinem ursprünglichen Schmerz aufgefangen haben, und auch Menschen, die mir ihre Liebe ohne Bedingungen geschenkt haben. Ich brauchte am Anfang Vorbilder, an denen ich mich orientieren konnte. Besonders Menschen, die durch ein mitfühlendes Gespräch den emotionalen Raum schaffen konnten, um es mir zu ermöglichen, mir das traumatische Geschehen anzuschauen. Diese Gespräche ließen mich die Tür zum Raum des Vergessenen öffnen, mich erinnern und machten mir meine gegenwärtigen Erfahrungen zugänglich. Dazu braucht es aber eine wohldosierte therapeutische Begleitung. Denn der Körper kann dann über das Nervensystem die eingeschlossene Energie wie in einem Gewitter entladen: durch Zittern und manchmal auch durch Wärme. Das sind die Momente, in denen die Wände der inneren Räume durchlässig werden und das Sonnenlicht befreiend und ungehindert das gesamte innere Stockwerk erhellt und wärmt.

Mir hat der Glaube an die Zauberdinge des Lebens die Entscheidung leicht gemacht, mich auf den Weg der nicht voraussehbaren Schritte zu begeben. Auf meinem Weg musste ich jedoch manche Weggenossen zurücklassen. Ihre Wunde saß so tief und war so schmerzhaft, dass sie sich nicht entscheiden konnten, sich dem traurigsten Kapitel ihres Lebens zu stellen. Ihr Abwehrverhalten war viel stärker als ihr Wunsch nach Heilung. In ihrer Angst vor dem Urschmerz wiesen sie selbst eine sie stärkende und möglicherweise befreiende Bindung zurück. Es macht mich traurig, wenn ich an sie denke, aber ich achte ihr Schicksal und ihre Entscheidung, auch wenn es manchmal noch ein bisschen schmerzt.

Mit ein paar Tränen in den Augen drück ich Dich,

Anita

Das Kind als Ersatzpartner

L *iebe Oma Berta,*
heute möchte ich Dir erzählen, wie Angst vor Nähe vielen Erwachsenen den Weg zu einer erfüllten Partnerschaft verstellt. Besonders Menschen, die mit vermeidenden Beziehungsstrukturen groß geworden sind, neigen dazu, sich als Erwachsene gegenüber ihrem Mann oder ihrer Frau innerlich zu verweigern. Die ersehnte und zugleich gefürchtete Bindung verführt einen Misstrauischen dazu, gegen alles zu sein, was der Partner vorschlägt. Ein erprobtes und für Distanz sorgendes Muster, ein kategorisches Nein, hat sich automatisiert. Auf keinen Fall wollen sie sich festlegen lassen und ziehen die Kinderabwehrbremse.

Ich glaube, ganz oft zieht ein Partner mit vermeidender Struktur eine vielleicht ambivalent geprägte Partnerin an. Steht dann in ihrem gemeinsamen Lebensskript ein Baby, sehen Papa oder Mama eine Chance, sich im Kind einen Vertrauten zu suchen. Ein überschaubares Risiko in der Liebe. Aus ihrer elterlichen Stellung heraus sind sie nicht so angreifbar und verletzlich, wie sie es bei einem erwachsenen Partner wären. Verwirrt ist nur das Kind, weil ihm ein Platz zugewiesen wird, der eigentlich Papa oder Mama gehört. Sollte aber das Kind irrtümlich die gleichen Rechte wie ein Erwachsener einfordern, wird es schnell merken, dass es wie ein Kind behandelt wird.

Kannst Du Dich an Erwachsene erinnern, die augenscheinlich von den eigenen Kindergefühlen der Hilflosigkeit und Unzulänglichkeit überrollt wurden und dabei dem eigenen Kind – manchmal unbewusst – sogar die Elternrolle aufdrücken? Ich werte das bei manchen Eltern als verzweifelten Versuch, sich doch noch die ersehnte und schmerzlich vermisste Kindheitsliebe zu holen. In der eigenen Kindheit waren die Gefühle zu ihren Eltern mit Schuldgefühlen gepaart. Normale, kindlich emotionale Abhängigkeiten waren angstbesetzt. Der Gedanke, der sie am meisten mit Angst erfüllt ist, dass die Eltern sterben könnten, bevor es gelingt, ihre Liebe zu gewinnen. Im eigenen Kind sehen sie dann die Möglichkeit, die Liebe, nach der sie sich ein Leben lang gesehnt haben, doch noch zu gewinnen.

Diesmal ohne die Gefahr, zurückgewiesen und auf ihre eigene Unzu-länglichkeit zurückgeworfen zu werden. Es ist der verzweifelte Ver-such eines verletzten Erwachsenen auf der Suche nach unschuldiger Liebe und dem verlorenen Paradies. Im Grunde eine Bitte um Ak-zeptanz. Verbunden mit einem der Glaubenssätze der vermeidenden Beziehungsstruktur: „Ich bekomme nur Liebe, wenn ich mich klein mache." Das Drama der verdrehten Gefühle paart sich mit der Angst vor Konsequenzen. Daher wird möglichst jede Handlung vermieden, für die man verantwortlich gemacht werden könnte. Unser Verstand ist äußerst kreativ, wenn es darum geht, Vermeidungsstrategien zu entwickeln und zu verfolgen! Aber letztlich ist das natürlich keine Strategie, denn es führt nur dazu, alte Erfahrungen zu wiederholen. War zum Beispiel das Bild der Dominanz so überwältigend, wird es vorsichtshalber auf jeden übertragen, selbst auf das eigene Kind. So wird das Kind zur Autoritätsperson, es bekommt die Verantwor-tung zugeschoben. Der verletzte Elternteil hat in seiner Kindheit selbst nicht erfahren, dass Kinder zur gesunden Entwicklung eine klar strukturierte Hierarchie brauchen. Denn jedes Kind sucht einen Rahmen, um sich innerhalb seiner sozialen Grenzen als Individuum zu erfahren. Es will Vater und Mutter als Oberhaupt der Familie, so dass es entspannt Kind sein darf und altersgemäße Erfahrungen sammeln kann.

Schrecklich verwirrend ist so eine verdrehte Situation hauptsäch-lich für das Kind. Der Erwachsene erlebt die Zeit eher als nachgeho-lte bedingungslose Liebe, die er in seiner eigenen Kindheit vermisst hat. Er erkennt die Situation nicht, da er selbst nicht erlebt hat, wie eine natürliche Eltern-Kind-Beziehung aussieht. Der Erwachsene weiß nicht, wie sehr er in alten Bildern gefangen ist. Da passt Johann Wolfgang von Goethes Satz gut: „Man sieht nur, was man weiß."

Bis morgen

Anita

Vermeidende Beziehung

L *iebe Oma Berta,*
bei uns in der Familie gab es beides: Nähe und Distanz. Wie Familien ohne Gefühle überhaupt zusammenhalten, ist mir wirklich schleierhaft. Obwohl ich schon oft gehört habe, dass in diesen Familien eine ganz besondere Treue herrscht und ein eher zwanghaft naher und meist destruktiver Zusammenhalt die natürlichen Emotionen ersetzt. Emotionen werden dann geleugnet und stehen als

wichtiger, auflösender oder erlösender Prozess nicht zur Verfügung. Beispielsweise eine Herzlichkeit, die uns ermöglicht, uns gegenseitig wieder in die Arme zu nehmen, nachdem etwas schiefgelaufen ist. Wenn dann noch nicht einmal geweint oder gelacht werden darf, bleiben Beziehungen im kalten Niemandsland. Das innere Thermometer der körperlichen Wahrnehmung steht dann auf Frost und lässt eine Integration der momentanen Situation nicht zu.

Aber Du weißt ja selbst, dass sich manchmal tiefe Gefühle nur mit Tränen ausdrücken lassen. Tränen sind wie ungesungene Lieder des Herzens, für die das Herz im Moment keine Worte hat. Sie weichen festgefahrene, innere und auch zwischenmenschliche Strukturen auf. Menschen, die keine Tränen mehr haben, leben in der Täuschung, dass sie noch lebendig sind. Am Tag, als ihre Tränen starben, starb auch die Liebe in ihnen. Ohne Liebe und Tränen ist der Mensch jedoch wie abgestorben, seine innere Wahrnehmung ist erstarrt. Eltern und Kind gleichermaßen erleben so eine emotionslose Spiegelung als eher abweisend. Die Eltern erleben kein Lächeln der Freude, wenn sie erscheinen, und das Kind hat schon lange seine Liebe vergraben. Diese Emotionslosigkeit wird einen funktionalen, „coolen" Mensch hervorbringen, einen sarkastischen „Flatliner" – abgeschnitten, dumpf und manchmal berechnend. Freude als innere Wahrnehmung wird seinem Körper fehlen. Immer in Alarmbereitschaft kann er nie entspannen und sich zurücklehnen. Die Bande zu Vater und/oder Mutter sind gekappt. Farblos, wie unter einer dunklen Wolke zeigt sich die Welt für das Kind, wenn wichtige Bezugspersonen wie Vater oder Mutter zurückweisend oder aktiv feindlich sind. Erst über die Liebesfähigkeit der Eltern, Großeltern oder wenigstens einer anderen Bezugsperson wird die Welt des Kindes durch die Spiegelung seines Wesens wieder farbenfroh: Die lebensspendende Kraft der Gefühle beflügelt unsere Gedanken.

Traumatisierte Eltern brauchen unsere Hilfe. Ihr eigener innerer Empfänger, mit dem sie sich auf die Nöte ihres Kindes einschwingen könnten, ist zerstört. Sie sind unfähig, auf die Signale zu reagieren. Ich weiß: Alle wollen gute Eltern sein. Traumatisierte Eltern wissen aber nicht mehr, wie sie Zugang zu ihren liebevollen Gefühlen erhalten. Dies wurde sehr anschaulich in einem Experiment zu Eltern-Kind-Beziehungen. Die Eltern wurden aus dem Zimmer geschickt. Als sie wieder ins Zimmer zurückkamen, nahmen diejenigen Eltern, deren Eltern-Kind-Beziehung von Vermeidung geprägt war, keinen Kontakt zu ihren Kindern auf. Beide, Eltern und Kind, blieben isoliert. Die Liebe und Verletzlichkeit ihrer Kinder konnte die Schale der Abwehr nicht durchdringen. Damit aber geben sie Isolation als ihre Norm an ihre Kinder weiter. Kontakt und Nähe auf ein Minimum zu reduzieren ist ihre Strategie. In einem Videofilm über eine gestörte Mutter-Kind-Beziehung fror das Kind nach mehreren strafenden Handlungen seitens der Mutter für einige Sekunden in seiner Körperposition ein. Die Mutter bemerkte dies nicht einmal und wollte sogar kurz darauf von ihrem Sohn getröstet werden, statt dass sie ihn tröstet. Der Kleine bewegte sich nach einigen, endlosen Minuten auf die Mutter zu, sein Rücken berührt ihren Rücken. Das war der größtmögliche Kontakt für diesen kleinen Jungen in dieser Situation. Das sind die Menschen, die später sagen: „Das ging mir am Arsch vorbei!"

Jeder Impuls, eine Beziehung zueinander aufzunehmen, wird von Eltern sowie später auch vom Kind abgeschnitten oder nur unzureichend ausgeführt. Dieses Verhalten ist ihnen irgendwann so in Fleisch und Blut übergegangen, dass sie nicht mehr bemerken, wie abgeschnitten sie von ihren Gefühlen sind. Sie identifizieren sich stattdessen mit dem Verstand und analytischen, logischen Aspekten und streben nach größtmöglicher Selbstständigkeit, vor allem beruflich. Sicherheit wird im Materiellen des Lebens gesucht. Emotionale Verbindungen werden als unberechenbar abgelehnt. Aber all diese Strategien dienen nur dazu, die innere Frustration kleinzuhalten.

Ambivalente Beziehungen

Ambivalente Beziehungen entstehen, wenn Eltern mit ihrer eigenen Geschichte beschäftigt sind. Ihre eigene Kindheitsgeschichte steht unbewusst im Vordergrund. Damit verletzen sie jedoch die Grenzen des Kindes. Das ganze Beziehungsfeld ist für das Kind mit Angst durchsetzt. Die Eltern erscheinen ihm als gefühlsmäßig unbeständig.

Du musst Dir das so vorstellen: Die Eltern sind emotional nicht präsent. Ohne es zu bemerken, bestimmen innere Bilder aus ihrer eigenen Vergangenheit ihr gegenwärtiges Leben. Auf das Kind und sein Verhalten hat diese Unbeständigkeit der Eltern einen großen Einfluss. Es erlebt die Beziehung als ebenso unterbrochen wie spannungsvoll und entwickelt so zugleich ein großes Bedürfnis nach Nähe und eine große Angst, die Eltern zu verlieren. Es kann sich der Aufmerksamkeit seiner Eltern nie gewiss sein und buhlt daher um sie: Seine Aufmerksamkeit ist permanent auf die Eltern gerichtet. Ein natürliches Fließen zwischen Nähe und Distanz kann sich so nicht einstellen.

Eine solche ambivalent erlebte Beziehung verstärkt außerdem noch das Bild, das sich das Kind mit etwa neun Monaten von seiner Bezugsperson gemacht hat. Dieses Standbild, das ein Kind aus dem Gedächtnis abrufen kann, dient eigentlich dazu, dass es eine Bindung zu Bezugspersonen aufbauen kann. Das Fatale ist: Es ist nicht nur ein sozusagen fotografisches Bild, sondern es fängt auch die Emotionen der Bezugsperson ein – Schwierigkeiten, Unbeständigkeit und Unzuverlässigkeit, die Mutter oder Vater ausstrahlen, werden mit aufgenommen. Und das kann im späteren Erwachsenenalter dazu führen, dass dieses unbewusste Bild auch auf den Partner projiziert wird und man meint, immer auf der Hut sein zu müssen. Das ist in etwa so, als würdest Du ins Flugzeug steigen, Papa und/oder Mama sitzen im Cockpit und wissen nichts vom Fliegen. Scheußliche Idee, da steig ich doch lieber wieder aus.

Nach stürmischen Flugstunden auf sicherem Boden,

Deine Enkelin Anita

Die natürliche Ordnung und eine gesunde Hierarchie

L *iebe Oma Berta,*
ich weiß jetzt schon ein wenig mehr darüber, welche Formen der Bindung es zwischen Eltern und Kind geben kann, und darüber, welche Botschaften mich geprägt haben. Mein Raum des Vergessenen im Parterre hat sich schon ein wenig geordnet. Die Ordnung konnte ich in beiden Teilen erkennen, ich erkannte, was falsch gelaufen ist, aber auch, was für mich ein verlässlicher Rahmen gewesen ist.

Ich denke an Dich, wie Du zwei Weltkriege erlebt hast. In langen Perioden Deiner frühen Jugend und Deines Erwachsenenlebens hat Mangel und Not geherrscht. Damals ging es vor allem ums Überleben. Es ist mir bewusst, dass wir uns heute den Luxus der Therapie leicht leisten können. Aber gerade deshalb schreibe ich Dir, weil ich vermute, dass Du heute viel mehr von der Seelenlandschaft eines Kindes wissen würdest. Aber trotz allem Verständnis habe ich immer noch einen Satz von Dir im Ohr, der mich ziemlich hart getroffen hat: „Dem Kind muss der Wille gebrochen werden." Ein Missverständnis. Autorität als Gewaltakt gegenüber Schwächeren. Ich vermute, Du hast darauf zurückgegriffen, weil Du Dir Deiner eigenen Kraft nicht bewusst warst. Du warst damals in guter Gesellschaft: Brachiale Methoden in der Kindererziehung waren bis in die sechziger Jahre des letzten Jahrhunderts nicht verpönt.

Aber nach der 68er Revolution des Denkens wollten Eltern alles anders machen. Das hat dazu geführt, dass heutige Eltern sich auf die gleiche Stufe wie ihre Kinder stellen. Sie wollen von ihnen verstanden werden. Es ist der Versuch, die fehlende Kraft nicht wie früher durch einen Gewaltakt durchzusetzen, sondern sich klein zu machen und den Autoritätsplatz in der gesunden Hierarchie nicht einzunehmen. Moderne Eltern wollen unter keinen Umständen ihre eigenen schlechten Erziehungserfahrungen wiederholen. Du würdest nur mit dem Kopf schütteln, wenn Du sehen könntest, wie Regeln vermieden werden. Anhand von Regeln lernen wir unseren Kindern die Konsequenzen ihres Handelns einzuschätzen. In diesem Orientierungsrahmen erfahren sich Kinder aufgehoben, selbst wenn ihr Handeln nicht immer positive Konsequenzen nach sich zieht. Ohne Regeln werden Eltern schnell zum Spielball kindlicher Wünsche und Kinder maßen sich blitzschnell die Autoritätsrolle an. Ein kraftvoller Erwachsener hat jedoch eine gesunde Einstellung zu sich selbst, kennt seine Grenzen, erfüllt seine Vorbildfunktion und kann liebevoll und achtsam auch dem Kind gegenüber eine entspannte, entschiedene Haltung einnehmen. Einem solchen Erwachsenen gelingt es, klarzumachen, wer der „Alte" und wer der oder die „Junge" ist. Jeder kennt so seinen Platz und kann sich an einer natürlichen Ordnung orientieren. Papa und Mama stehen gemeinsam an der Spitze der Familienhierarchie. Durch ihre Lebenserfahrung wenden sie für die Nachkommen so gut sie können Unheil ab und lehren sie, auch mit Frustrationen umzugehen. Funktioniert das Zusammenspiel der Eltern, sind die Kinder beruhigt und können sich gefahrlos ausprobieren. Ihre Fähigkeiten werden gefördert, indem sie altersgemäß kleine Verantwortungen übertragen bekommen.

All das habe ich, neben allem, was schief gelaufen ist, gehabt. Mit zehn Jahren habt Ihr mir die Verantwortung übertragen, unser geschäftlich eingenommenes Geld auf die Bank zu bringen. Heute würde man sagen, das ist eine Überforderung. Für mich schuf es im Rückblick Vertrauen, weil ich mir sagte: „Die Eltern trauen mir das zu, also kann ich das!" Ein Vertrauen, das mein Selbstvertrauen, immer wieder Neues auszuprobieren, wachsen ließ.

In meiner Kindheit hat sich mir nie die Frage gestellt, wie ich die familiäre Hierarchie zu verstehen habe. Es war zwar etwas anders geregelt als in anderen Familien, dennoch war es klar geregelt. Du hattest das Sagen, Papa kämpfte heimlich und auch offen mit Dir um den ersten Platz und Mutti vermittelte zwischen Euch. Keine alltägliche Hierarchie, aber immerhin eine Ordnung. Du warst die Älteste und Deiner und meiner Auffassung nach maßgebend. Für Papa und Mama war dies wohl nicht so leicht zu akzeptieren. Für mich war diese Form von Hierarchie normal, ich kannte keine andere. Auch wenn die Hierarchie nicht ganz den landläufigen Gepflogenheiten entsprach, war dies eine Ordnung. Wir, meine Schwester und ich, wussten, wo unser Platz ist. Von daher hatte der Rahmen eher was

Solides, in dem ich mich und meine Schwester erlebte. Das Ganze kippte nur hin und wieder dadurch, dass Deine Autorität nicht die gesunde Struktur eines kraftvollen Erwachsenen hatte. Ich konnte mich zwar an Deiner Entschiedenheit und Deinem Fleiß orientieren, aber nicht an einer durchgängigen, authentischen Kraft.

Heute weiß ich, Kraft entsteht durch Mut und fordert, Dinge auch einmal anders zu machen und Risiken einzugehen. Entschlossenheit, Anpacken und Durchhalten kenne ich von Dir und Mama. Ich kannte das ja auch von den Helden aus den Märchen: Wie oft sie sich auch im Wald verirrten und auf die Probe gestellt wurden, ehe sie auf wundersame Weise gerettet wurden. Alle Helden waren ja nur deshalb Helden, weil sie sich Gefahren aussetzten. Der Lohn nach den Prüfungen war, als strahlende Helden heimzukommen. Ich glaube, ich hatte mir eher so die Antihelden als Vorbild auserkoren (na ja, bis auf Goldmarie natürlich): Sterntaler, das sein letztes Hemd hergibt, und Hans im Glück, der nur mit der Erfahrung des Lebens zurückkam. Aber in den letzten Jahren habe ich sie durch Vorbilder ersetzt, die besser für meine eigenen Bedürfnisse sorgen.

Apropos für die eigenen Bedürfnisse sorgen: Warum wollen gegenwärtige Eltern so oft, dass ihre Kinder so früh selbstverantwortlich Entscheidungen über ihr Leben treffen? Siehst Du wie ich einen Zusammenhang zwischen der Kraftlosigkeit der Eltern und der Erziehung der Achtundsechziger und der Hippiebewegung? Damals gab es häkelnde Männer in lila Latzhosen – alles sollte anders werden. Männer sollten wie Frauen, Frauen wie Männer sein und die Kinder an die Macht. Jetzt haben wir den Salat! Offensichtlich haben wir etwas falsch verstanden, und Du siehst: Unsere Generation und die ihnen entsprungenen Kinder haben ihre eigenen Fehler gemacht. Wir haben viele gute Einsichten aus dieser Zeit mitnehmen können, aber eine natürliche Ordnung auf den Kopf zu stellen, war wohl eher eine gedankliche Einbahnstraße.

Ich wünsche mir eine Elternschule, in der durch Bewusstseinsarbeit, auch mit dem inneren Kind, auf eine klar umrissene Identität der Eltern zurückgegriffen werden kann. Durch Liebe wird das Überflüssige, Nebulöse oder gar Wabbelige verwandelt in eine klare

Vorgabe und Ordnung für das Kind. Aus dieser erlösten Kraft wachsen Vorbildfunktion, Unterscheidungsvermögen, Spontanität und Handlungsfähigkeit. Sich die Unschuld des Herzens zu bewahren und die eigene Wahrheit zu erkennen zusammen mit der Liebe führt zu einer greifbaren, inneren Erkenntnis, die klare Grenzen setzen und halten kann.

Ja, ja, ich kann Dich schon hören: „Träumerin!" Stimmt: Ich bin immer noch eine Träumerin. Eine Träumerin, die sich für jeden Menschen einen Raum der Erkenntnis mit vielen erlösten inneren Kindern wünscht. Ich selbst bin froh, wenn ich mich daran erinnere, dass ich den Raum des Vergessenen und der Erkenntnis meiner Kindheit betreten habe und durch die erlösende Arbeit mit dem inneren Kind nicht mehr an die unbewussten Wunden der Vergangenheit gebunden bin.

Kuss, **Anita**

Schock und Scham aus der Kindheit

L iebe Oma Berta,
wenn ich jetzt im Parterre in den Kindheitsraum des Vergessenen gehe, schreckt es mich nicht mehr wie am Anfang. Ich kenne die Erleichterung, mit der ich daraus zurückkehre. Heute weiß ich mich in guter Gesellschaft mit den vielen anderen Kindern, die nicht so sein durften, wie sie waren. Dort liegen die Schlüssel für alle weiteren Türen. Mit meiner Sehnsucht nach Wahrheit und Klarheit werde ich sie eine nach der anderen aufschließen und die Zimmer durchlüften.

Ich glaube, früher wurde Erziehung oft mit Zurechtweisung verwechselt. Damals wusste kaum jemand, dass alle Erlebnisse im zarten Alter zwischen der Geburt und dem fünften Lebensjahr verformend oder formend wirken! Zu Deiner Zeit hatten die Zeitschriften andere Themen als Verhalten, das Kinder traumatisieren kann. Aber auch heute sind Schock und Scham aus der Kindheit kaum ein Thema für eine Frauenzeitschrift. Daher erzähle ich Dir einmal von meinen eigenen Erlebnissen mit meinem Körper.

Also, der Körper in seiner Weisheit verdrängt den Prozess eines Traumas als einen unvollendeten Kreislauf und speichert die Erfahrung in den Zellen. Quasi als Vorsichtsmaßnahme des Körpers, so dass der Geist keinen Kurzschluss produzieren muss. Findest Du nicht auch, dass das ein äußerst ausgeklügeltes Verhalten des Körper-Geist-Systems ist, mit dem er für das Überleben des Kindes in einer momentanen seelischen Not sorgt? So ein geschocktes oder beschämtes Kind hat oft ein ganzes Leben lang keine Worte für seine traumatisierten Gefühle. In vielen Fällen erinnert sich das Kind noch nicht einmal daran, was geschehen ist. Aber nicht die Traumen machen uns seelisch krank, sondern die Unmöglichkeit, sie auszudrücken. Ich weiß heute aus eigener Erfahrung, dass es uns schwerfällt, als verletzte Erwachsene den Schmerz eines Kindes ernst zu nehmen. Es ist viel leichter, das Kind in seiner Not zurückzuweisen als mitfühlend darauf einzugehen, besonders wenn im Hintergrund der eigene Kinderschmerz mitschwingt. Ich glaube, viele Verdrängungen erwiesen sich als überflüssig, wenn ein fürsorglicher Mensch den Schmerz des traumatisierten Kindes bestätigen würde, so dass Schmerz und Scham nicht als Wertlosigkeit bis zum Innersten vordringen und sich dort als bindende, klebrige Schicht festsetzen würden.

Bis zu diesen Erkenntnissen habe ich viele theoretische Bücher gelesen. Aber erst durch praktische, sinnlich erfahrbare Übungen konnte ich die erlöste Kraft und natürliche Würde meines inneren Kindes spüren. Ich konnte Spontanität durch direktes, nicht taktierendes Handeln wieder intuitiv umsetzen. Während ich jetzt bewusst Verantwortung für mein Handeln übernehmen kann, wird die Unschuld meiner Kindertage wieder greifbar. Ich überprüfe intuitiv mein Handeln mit der Frage, ob ich irgendjemanden mit dieser Handlung schädige. Habe ich ein gutes Bauchgefühl und kann ich die vorangegangene Frage verneinen, handele ich unverzüglich.

Was blockiert spontane Handlungen irgendwann im Kindesalter? Für mich kam es daher, dass ich als Kind Anweisungen und beschämende Bewertungen über mich immer eins zu eins übernahm und als meine Wahrheit abspeicherte. Mich durch Eure Augen zu sehen, rief in mir einen Zwiespalt zwischen meinem Bauchgefühl und dem Bedürfnis, ungestraft davonzukommen, hervor. Ich war verwirrt, weil die wechselnden Botschaften sich für mich fast widersprachen. War ich jetzt fähig und wenn ja, zu was? Oder doch unfähig? Deiner strafenden Kritik aus dem Wege zu gehen und zu taktieren schien ein Ausweg zu sein.

Du hast mir beispielsweise vermittelt, theoretisch ausreichend klug, aber im Praktischen absolut ungeschickt zu sein. Mit diesem Bild von mir habe ich ganz lange dafür gesorgt, dass ich im praktischen Bereich scheiterte. Mir fehlte auch die direkte Anleitung von Dir in der praktischen Arbeit. Den Stempel, kreativ, künstlerisch, aber mit zwei linken Händen geboren zu sein, habe ich später widerlegt. Als Du nicht mehr die Nähmaschine besetztest, erkannte ich meine handwerkliche, praktische Seite. Ich traute mich, mir einen wunderbaren, damals todschicken Ledermantel mit abtrennbarer Kapuze zu nähen. Widersetzte mich der inneren Stimme, die mir zuflüsterte: „Du bist praktisch unfähig." Zu erleben, dass ich nicht unfähig war, war geradezu magisch! Zum ersten Mal erhaschte ich in meinem inneren Spiegel einen Blick auf mein wirkliches Selbst.

Langsam vereinigte sich in mir, was sich jahrelang getrennt anfühlte. Ich spürte, wie sich mein persönlicher Kraftstrom mit jeder neuen Erfahrung und gemeisterten Herausforderung verstärkte. Wie sich die Urform meiner angelegten Qualitäten in einem gemeinsamen Flussbett mit meiner Sehnsucht nach Wahrheit und Freiheit vereinten. Ich musste mich erst selbst ausprobieren und ein Scheitern in Kauf nehmen, um diesen inneren Zusammenfluss zuzulassen. Statt mich von Urteilen anderer einschränken zu lassen, experimentiere ich noch heute mit den Herausforderungen und entdecke dabei immer wieder neue Fähigkeiten. Am liebsten würde ich der Welt sagen: „Schaut her: Das bin ich und so bin ich. Ich bin eine Frau, manchmal ein Schelm, hin und wieder Abenteurerin, Schneiderin, Homöopathin, Therapeutin, Hausfrau und Gartengestalterin und, und, und!" Was für eine Vielfalt des Seins. Eben das volle, pralle Leben.

Dicken Kuss, **Anita**

Im Souterrain

Beginnt das Schicksal schon vor der Geburt?

*L*iebe Oma Berta,
heute möchte ich gemeinsam mit Dir in den untersten Stock meines inneren Seelen- und Körper-Hauses gehen, ins Souterrain. In diesem Raum habe ich wichtige Erkenntnisse zusammentragen, die mir einen Blick auf meine eigene vorgeburtliche Prägung erlauben. Faszinierende Forschungen über pränatale Prägungen füllen viele Bücher und haben schon früh in mir die Frage aufgeworfen: Wird das Seelische eines Kindes schon im Mutterleib durch die Gefühle der Mutter unauslöschlich geprägt? Lass uns einmal gemeinsam dieser Frage nachgehen.

Ich konnte bei Sigmund Freud, der Galionsfigur der Psychologie, in einem Brief an C. G. Jung lesen, dass er sich darüber Gedanken machte, wie die Entwicklung eines Menschen von der Erfahrung im Mutterleib bestimmt werde. Er überlegte, wie die Beziehung zur versorgenden Plazenta als erster Nahrungsquelle vorgeburtlich Einfluss auf das Ungeborene nimmt.

Die Arbeiten des Prä- und Perinatalpsychologen Terence Dowling unterstreichen Freuds und C. G. Jungs Erkenntnisse der Tiefenpsychologie. Am Anfang seiner Laufbahn war C. G. Jung noch sehr an einem Austausch mit Freud interessiert. Später trennten sich die Wege der beiden und C. G. Jung erläuterte durch die Entwicklung der Archetypen anschaulich, wie seelische Verhaltensweisen durch die wiederkehrende Grundmotivation bestimmter Bilder wie Vater, Mutter, Kind, Krieger usw. erzeugt werden. Diese äußeren Bilder werden von vielen Vätern, Müttern, Kindern, von zerstörerischen oder edlen Kriegern mit Leben erfüllt und haben als Urbilder eine Kraft, der sich auf Dauer kein Mensch entziehen kann. Diese Ur- und Vorbilder sind das seelische Erbe der Menschheitsgeschichte. Als tief gehende seelische, jahrtausendealte Erfahrung verbindet sie die Menschheit im sogenannten kollektiven Unbewussten. Dieses Weltengedächtnis

*wird auch von der These des wissenden Feldes des britischen Bio-
logen Rupert Sheldrake unterstützt. Dieses wissende Feld wird von
den bewussten und unbewussten Gedanken der Menschen genährt.
Er nennt es auch das „morphogenetische Feld", das Du Dir so ähnlich wie einen gemeinsamen Computer aller Menschen vorstellen
kannst. Er spricht davon, dass wir aus diesem „wissenden Feld" täglich schöpfen, unsere Weisheit genauso wie unsere gedanklichen
„Einbahnstraßen". Auf dieses Wissen, eine Art Weltgedächtnis, haben
einige Menschen durch ihre Intelligenz und Intuition Zugriff auf alte
und neue Informationen der Menschheit. Sie schöpfen aus diesem gemeinsamen Wissen. Dies gelingt ihnen scheinbar mühelos, indem sie
sich tief in ihr jeweiliges Wissensgebiet versenken und sich Erkenntnisse erschließen, die ihnen ohne diese gesammelte, fokussierte Achtsamkeit nicht zugänglich wären.*

*Wenn auf der Festplatte der menschlichen Geschichte all unse-
re Gedanken und Erfahrungen gespeichert sind, die bewussten wie
die unbewussten, dann sind allerdings auch unsere gelebten Dumm-
heiten unausweichlich. Denn das „wissende Feld" speichert dann
auch unsere Fehlinformationen und Hassgedanken bis hin zu „fixen
Ideen". Kein Wunder, dass sich gern falsche Gerüchte im „wissenden
Feld" halten. Genügend Geschwätzige haben es weiterverbreitet. Jetzt
braucht es genauso viele Geschwätzige für die richtige Information,
ehe die korrigierte Version in unser aller Bewusstsein dringt.*

Dir muss diese neumodische, vorgeburtliche Forschung merkwürdig vorkommen, wo Du doch in den ersten drei Monaten der
Schwangerschaft eher an einen Zellhaufen im Mutterleib glaubtest.
Jetzt komme ich auch noch mit so etwas wie, dass Ungeborene schon
vor der Geburt Grundmuster ihrer Charakterstruktur erhalten. Dem
setzt die Behauptung ja noch die Krone auf, wenn ich Dir hier schreibe, dass in dem Moment, in dem sich Samen mit Eizelle verbindet,
schon etwas über das beginnende Leben im Weltengedächtnis stehen soll. Ich sehe Dich schon vor mir, wie Du den Kopf schüttelst und
sagst: „Alles nur Interpretationen von Schlaumeiern!" Wenn ich Dich
damals richtig verstanden habe, denkst Du, unser Leben beginnt
ganz zufällig in unserer Familie und kosmische Gesetze sind nur ab-

gehobene Gedanken von Esoterikern.

Ich finde den Gedanken an eine immer wiederkehrende Erdenreise der Seele jedoch ziemlich beruhigend, weil so vorangegangenes Ungleichgewicht oder fehlende Erfahrungen ausgeglichen werden. Zeugung ist für mich der Beginn einer neuen Seelenreise des ungeborenen Kindes. Ein kleines Teilchen der Kinderseele schwingt sich auf die Vibration der Familienseele ein. Das Ungeborene pulsiert in diesem Moment im Gleichklang mit der Familienseele und findet so auf magische Weise die Familie, die zu seinem bisherigen Lebensskript passt. Ich bin froh, meine Erfahrungen in unserer Familie gemacht zu haben. Bestimmt auch beruhigend für Dich. Zu der Zeit, als ich mich mit dem Gedanken der Wiedergeburt befasste, weiltest Du schon nicht mehr unter uns. Ich brachte Miriam in den Walldorf-Kindergarten und stillte über die Lehre Rudolf Steiners meinen spirituellen Wissendurst. Ich erzähle Dir kurz, was ich von seinen Lehren weiß:

Rudolf Steiner, Gründer der anthroposophischen Bewegung und Vertreter der Wiedergeburtsthese, beschreibt, dass unser Lebensskript nach dem Tod nicht verloren geht und im großen Weltenbewusstsein gespeichert wird. Beim Eintritt in ein neues Dasein wird dieser Seelenanteil von den schicksalshaften Umständen des Familiensystems angezogen, weil die Seeleninformation des Ungeborenen diesen entspricht und sie dem neuen Leben die Möglichkeit eröffnen, neue oder fehlende Erfahrungen zu machen. Unser Schicksal wird uns Steiner zufolge nicht von einem strafenden, über alles herrschenden Gott zugeteilt, sondern es entspringt wohl dem Bedürfnis der Seele nach Ganzheit, die durch Erkenntnis und Seelenreifung ermöglicht wird. Wir durchlaufen im langen Prozess des Erdenlebens bestimmte Reifungsprozesse und können im besten Fall daraus unsere Lebensweisheit schöpfen.

Jetzt wirst Du einwenden, dass die Seele des Ungeborenen wohl kaum einer Erfahrung zustimmt, die ganz tragische Umstände eines Familiensystems beinhaltet. Deutlich erinnere ich mich noch, mit welch schreckgeweiteten Augen Du mir die Gesichte von einer Familie erzähltest, die die Bürde eines schlimmen „Traumas" trug.

Manchmal erzähltest Du auch von dem Tag, an dem meine Schwester Heidi geboren wurde, dem 29. Mai 1944: Der sonnige Maihimmel verdeckt von silbrigen, englischen Flugzeugen, die ihre todbringende Last über der nahen Kreisstadt Hanau abwarfen. Angstmachende Umstände bei der Geburt für Mutter und Kind. War das der Grund für Heidis permanente Lebensangst? Terence Dowling beschreibt in seinen Büchern jedenfalls, wie das Ungeborene ein Trauma als extremes Ausgeliefertsein im Mutterleib erlebt, als potenzielle Bedrohung für Leib und Leben. Ist das des Rätsels Lösung? Wollte meine Schwester deshalb immer nur versorgt sein? Ausdruck ihres tief liegenden Gefühls von „Ungeborgensein"? Ich mache mir diese Gedanken, um zu verstehen, was uns als Einschränkung mit ins Leben gegeben wird und wie die Befreiung aus dieser unbewussten Erfahrung geschehen kann.

Wo wir schon bei Schwangerschaften sind, möchte ich doch die Gelegenheit nutzen und Dich fragen: Wie war das eigentlich, als Mutti mit mir schwanger war? Von ihr weiß ich, dass meine Geburt genau ein Jahr und acht Tage nach Heidis Geburt lag und sie die Zeit dazwischen als zu kurz empfand. Dazu kam, dass es nach dem Krieg kaum etwas zu essen gab. Heute kann ich mich in Eure Lage hineinversetzen. Obwohl es ein bisschen schmerzt, wenn es stimmt, dass Du bei meiner Geburt gesagt hast: „Noch ein Esser mehr!"

Wahrscheinlich erinnerst Du Dich, ich hatte schon als Kind Nierenprobleme. Auch später tauchte immer wieder ein Druckgefühl in der linken Nierengegend auf. Ich war damit schließlich bei meiner Freundin Ursula, die mit mir eine psychokinesiologische Therapie machte. Dabei werden zu den inneren Organen wie zum Beispiel der Schilddrüse oder den Nieren bestimmte Sätze abgefragt und auch, ob das Thema einen Bezug zu mir oder einer anderen Person hat. Gibt es einen Bezug zu einer anderen Person, wird man gefragt, ob diese Person weiblich oder männlich ist. So kann der Therapeut herausfinden, wer im näheren Familienumfeld einen Bezug zu dieser Erfahrung hat. Anschließend machte Ursula bei mir einen kinesiologischen Muskeltest. Ich musste den rechten Arm hoch halten und je nachdem, ob die Frage den Muskel des Armes schwächt oder ihn stärkt, konnte sie über die Weisheit des Körpers die Antwort finden. Über die Fragen und den kinesiologischen Test fand Ursula meinen Glaubenssatz heraus, das ist der Satz, der vorgeburtlich den stärksten Eindruck auf mich gemacht hat. In meinem Fall: „Voller Schreck und machtlos" – das ist das Gefühl, dass Mutti mir im dritten Monat der Schwangerschaft vermittelte. Dieses Gefühl stand in Verbindung mit dem Organ Niere. Endlich konnte ich es in Worte fassen! Durch die Benennung dieses prägenden, negativen Satzes konnte ich den schwächenden, krankmachenden Energieanteil befreien. Zum Abschluss überprüfte Ursula mit einem stärkenden Satz noch einmal, dass er keine Auswirkung mehr auf mich hatte. Puh!! Manchmal ist die Erinnerung daran genauso anstrengend wie die tiefgreifende Arbeit selbst. Aber eins hat sie mir ganz nebenbei und sozusagen am eigenen Leib gezeigt: Nämlich, dass die Theorien von Jung, Sheldrake und Dowling keine abseitigen Gedankenkonstrukte sind, sondern dass da etwas dran ist, und man auch vor der Geburt schon mit der Familie, in die man hineingeboren wird, verbunden ist – und das auf einer sehr tiefen, grundsätzlichen Ebene.

Also bis morgen, jetzt geh ich ins Bett.

Kuss

Anita

Vier vorgeburtliche Prägungen

L iebe Oma Berta,
wie alles im Leben von Gegensätzen genährt wird, so ist auch meine ausgeprägte Helferenergie Fluch und Segen zugleich. Ich sehe einen Zusammenhang mit der Geschichte, die Mutti mir aus der Zeit erzählt hat, als sie mit mir schwanger war. Ich versuche mir vorzustellen, wie es wohl war, als Ihr damals nach dem Krieg von den Amerikanern mit angeschlagenen Maschinengewehren aus dem Haus gejagt wurdet. Euer Haus stand an exponierter Stelle hinter einem großen Platz. Von dort hatten die Amerikaner einen Gesamtüberblick über das Territorium und konnten jeden sich nähernden Menschen und jedes Fahrzeug entdecken. Mutti hatte Heidi auf dem Arm und durfte nur die Babyflasche mitnehmen. Ich in ihrem Bauch. Beim Nachbarn habt Ihr damals Unterschlupf gefunden. Ihr wusstet in diesem Moment nicht, ob Ihr wieder in Euer Haus zurück könnt.

Wie habe ich wohl damals als Ungeborenes den Schreck und Muttis Panik erlebt? War das der Auslöser für den inneren Satz „voller Schreck und machtlos"? Ich habe natürlich keine Erinnerung mehr daran und frage mich, aufgrund meines jetzigen Wissens, ob ich, wie ich es gelesen habe, auf diesen Schreck mit gesteigerter Herzfrequenz reagiert habe. Logischerweise hätte ich dann mit der Überlebensstrategie reagiert und in meine Plazenta vermehrt Blut gepumpt. Das würde mir den tief in mir verwurzelten Glaubenssatz: „Ich muss erst geben, um zu bekommen" erklären. Er hat meinen Lebensweg wesentlich bestimmt – ich liebte eine lange Zeit meines Lebens alle anderen mehr als mich selbst.

Wie innig die Verbindung zwischen Ungeborenem und Mutter ist, haben mehrere Untersuchungen gezeigt, in denen nachgewiesen werden konnte, dass sich das Ungeborene über die versorgende Plazenta mit der Mutter als Einheit erfährt. Denn die nährende Plazenta ist für das Ungeborene die erste lebenswichtige Beziehung, die den Ausschlag gibt, ob ein Kind leben und wie es leben wird. Schließlich wird über die Plazenta das Herz und der Blutkreislauf des Ungeborenen gesteuert. Ich spüre die Verantwortung, die jede Frau für ihr

Ungeborenes trägt.

Wusstest Du, dass eine einzelne Herzzelle als einzige Zelle unseres Systems in der Lage ist, mit einer fremden Herzzelle auch über eine Distanz zu kommunizieren? Das haben Wissenschaftler herausgefunden: Zwei Herzzellen aus unterschiedlichen Herzen brauchen eine bestimmte Nähe, um ohne Blutkreislauf wie Schmetterlingsflügel miteinander im Gleichklang zu pulsieren. Ist das nicht toll? Als herzgesteuerter, manchmal liebesgeblendeter Mensch begeistert mich das sehr! Möglicherweise liegt das ja an dem uns umgebenden Energiefeld, dem „wissenden Feld" – oder es ist einfach ein Wunder. Du kennst mich ja und meinen Glauben an die unsichtbaren Dinge des Lebens. Das Unmögliche für möglich halten, um das Mögliche zu erreichen.

Aber schon die Alten wussten, dass der Gleichklang der Herzen von Mutter und Kind beide unverbrüchlich für das Leben verbindet. Daher ist es im Kreißsaal Tradition, nach der Geburt diese Bindung zwischen Mutter und Kind zu verstärken. Das Neugeborene wird direkt auf das Herz der Mutter gelegt. Ich erinnere mich auch bei den Geburten von meinen Töchtern daran. Ihr kleines, pochendes Herz lag auf meinem Herzen. Meine Augen waren dann ca. 30 cm von den Augen meiner Töchter entfernt. Wissenschaftlich gesehen habe ich damit ihr „retikulares Gehirnzentrum" aktiviert. Was ich damals noch nicht wusste und mir in diesem Moment der Glückseligkeit auch ziemlich egal gewesen wäre. Mein Herz strömte über vor Liebe, ein natürlicher Vorgang, um die Liebe meines Herzens über den Blickkontakt in das Herz meines Kindes zu übertragen. Quasi eine Initiationszündung für die kindliche Seele. Das elektrische Fluidum der Seele erweitert sich durch diese Bindung. Ganz selbstverständlich wird dadurch das Neugeborene aufgenommen, nicht nur in die eigene Familie, sondern mit dem Blick der Liebe in die ganze, soziale Menschenfamilie. Basis, um in Zukunft soziale Bindungen eingehen zu können. Schade, wenn dieses Mutter-Kind-Bonding fehlt, wie bei Kaiserschnitt oder Trennung. Dann vermisst das heranwachsende Kind einen wichtigen vertrauensbildenden Bestandteil in seinem Leben.

Also, es kann ganz schön viel schieflaufen, bevor ein Kind das

Licht der Welt erblickt. Es gibt viele Gefahren, die den Urklang der Herzzelle des Ungeborenen durch Stress, Vergiftung und Ablehnung im Mutterleib stören können und damit das Grundmuster des Kindes hauptsächlich auf Überleben programmiert. Denn Mütter entwickeln nur im entspannten Zustand Glückshormone, die in ihrem Blutstrom freigesetzt werden. Ist die Mutter in einem stressgeplagten Zustand, werden anstelle von Glücksbotenstoffen Stresshormone in den Blutstrom des Kindes ausgeschüttet, die das Kind als Bedrohung wertet. In dieser gemeinsamen Zeit der Schwangerschaft sind Mutter und Kind unverbrüchlich und schicksalshaft miteinander verbunden. Äußere und innere Umstände der Mutter sind die Grundlage für die späteren Charaktereigenschaften des Kindes.

Liebe Oma, mein Wissen um die vorgeburtliche Prägung habe ich größtenteils aus den Büchern der Analytiker Otto Rank, Nandor Fodor, Frank Lake. Ihnen verdanke ich wesentliche Einsichten in die vorgeburtliche psychische Prägung. In den 50er Jahren hat dann Stanislav Grof diese vorgeburtliche Prägung in vier Grundmuster eingeteilt, indem er sich ausgiebig mit dem Geburtstrauma und der vorgeburtlichen Prägung auseinandersetzte. Er erkannte, wie das Ungeborene sich mit der Herz-Kopf- oder Bauchenergie während der Geburt schützt. In der nächsten Stufe des Selbstschutzes wird das Ungeborene seine Grundenergie blockieren. Im extremsten Fall wird die Grundenergie des Kindes implodieren, dann kann ein Überleben des Ungeborenen nur durch das Abspalten des traumatisierten Teiles gewährleistet werden. Seine seelische Kraft und Energie wird geteilt, das ungeborene Leben wird schon vor der Geburt zu einem fragmentierten Leben, das wesentlich ein Überleben ist. Eine schreckliche Vorstellung, wie viele Neugeborene dieses Schicksal im Krieg erleiden mussten. In welchem Umfang das Ungeborene auf verschiedene Stresssituationen reagiert und wo für das Kind das Unerträgliche erreicht wird, ist wohl von seiner Konstitution, der Stressintensität und der Dauer abhängig.

Auch der amerikanische Psychotherapeut Frank Lake unterscheidet in Anlehnung an Pawlow, den russischen Stressforscher, vier verschiedene Grundmuster, die die vorgeburtliche Konditionierung ausmachen. Er kombinierte diese vier Stressgrade mit Grofs System der perinatalen Grundmuster.

Hier die vier Phasen:

1. *Das Kind ist willkommen und alle Grundbedürfnisse von Mutter und Kind sind gedeckt. Die Experten sind sich darin einig, dass es diesen Idealfall kaum gibt. Die anderen drei psychosomatischen Stressgrunderlebnisse wirken in der Schwangerschaft auf den Charakter des Ungeborenen grundlegend ein.*

2. *Auf die erste Phase der Stresseinwirkung reagiert das Kind erst einmal mit der Verstärkung seiner Grundenergie, die bis jetzt im Fetus vorhanden ist; was bedeutet, es erhöht die Herzfrequenz und pumpt Sauerstoff in die Plazenta. Dadurch wird der Blutaustausch zwischen Ungeborenem und Plazenta erhöht. Kinder, die nur diese erste Phase des Stresses im Uterus erfahren haben, reagieren mit erhöhter Grundenergie. In ihrem späteren Leben sind sie die „Macher" und glauben, damit das Leben in den Griff zu bekommen. Diese Energie kann vom Umfeld als erdrückend und übergriffig erlebt werden.*

3. *Ist das Ungeborene täglich Stresssituationen ausgesetzt, zum Beispiel durch Alkohol und Zigaretten, dann kann es auch mit verstärktem Einsatz seine Grundbedürfnisse nicht erfüllen. Die Folge ist, dass es dann die Energie, die ihm von der Plazenta über den Blutstrom zufließt, blockiert. Deshalb sind Kinder von Raucherinnen und Alkoholikerinnen oft so klein. Das ist die zweite Phase der Überlebensstrategie. In seinem späteren Leben wird dieser Mensch leicht zweifeln, resignieren und seine Energie blockieren.*

4. *Haben weder Reaktionsmuster eins noch zwei ausgereicht, um den Stress auszuhalten, und wird der Stress unerträglich, implodiert die Grundenergie des Kindes. Es führt zur Spaltung des eigenen Erlebens und verdreht die Gefühle ins Paradoxe (siehe Paradoxie in der Beziehung), sodass der Mensch später häufiger weinen als lachen wird. Der winzige Körper ist angespannt und prägt somit das negative Körperselbstbild des Kindes. Dieses Selbstbild kann zu Essstörungen und im schlimmsten Fall im Erwachsenenleben zu einer Borderline-Störung mit selbstzer-*

störerischen Handlungen führen. Ich habe Menschen mit dieser Störung getroffen. Diese Menschen trauen weder sich noch ihrer Umwelt. Sie sind anstrengend, weil die Mauer des Misstrauens nicht durchbrochen werden darf. Traut sich jemand zu nah an die Mauer, wird er durch bissige und verletzende Worte vertrieben. Aber damit bestätigen sie sich letztlich immer wieder selbst, wie feindlich die Welt ist. Ihr Misstrauen ist so grundsätzlich, dass sie es kaum mit zwischenmenschlichen Beziehungen heilen können. Sie haben große Angst, durchschaut zu werden – das lässt sie immer Abstand wahren.

Nach neun Monaten wird es Zeit für die Geburt. Für beide, Mutter und Kind, eine große körperliche Anstrengung, und für das Kind eine verwirrende, lebensbedrohliche Situation. Durch seine Vorerfahrung im Uterus hat es bereits instinktive Reaktionsmechanismen ausgebildet, aus denen sich ein eigenständiges und typisches Reaktionsmuster entwickelt hat. Unsere ersten Impulse im Uterus, die die Abwehrstrategien bewirken, dienen ausschließlich dem Überleben und sind mit der Plazenta als Quelle der Nahrung gekoppelt. Die Plazenta ist unser erstes Liebesobjekt, wie Sigmund Freud in einem Brief an C. G. Jung meinte. Erst nach der Geburt wird diese durch den Kontakt zwischen Mutter und Kind ersetzt. In der prä- und perinatalen Phase sind jedoch schon die verschiedenen Abwehrstrategien vereinigt, die die Wahrnehmung des Kindes prägen. Sie ist die Brille, durch die das Kind die Welt nach der Geburt sehen wird.

Das war ziemlich theoretisch, aber in der pränatalen Prägung kann ich kaum auf eigene Erfahrungen zurückgreifen. Meine späteren Erfahrungen sind halt viel lebendiger. Ich hoffe, Dich hat es trotzdem inspiriert.

Kuss

Anita

Elvis – the pelvis – das Becken

L *iebe Oma Berta,*
nachdem ich den letzten Brief beendet hatte, ist mir die Lebensgeschichte des amerikanischen Rock-'n'-Roll-Sängers Elvis Presley in
die Hände gefallen. Du hast früher über ihn nur den Kopf geschüttelt.

Ich glaube, Du fandest einen hüftschwingenden Mann eher absto-
ßend. Wir Jüngeren nennen ihn heute eine Rocklegende und bezeich-
nen Elvis als den King of Rock 'n' Roll. Auch wenn Du seine Musik
nicht mochtest, glaube ich, dass sein Schicksal Dich berühren wird.

Durch seine Geschichte wurde mir einiges über die vierte Phase
der vorgeburtlichen Prägung klar. Als Elvis am 8. Januar 1935 im
Schwarzenviertel East Tupelo, Mississippi, geboren wurde, gab seine
Mutter ihm den Namen Elvis Aaron Presley. Nur wenige wissen, dass
er einen Zwillingsbruder mit Namen Jesse hatte, der eine halbe Stunde vor ihm tot geboren wurde. Elvis ist also das einzige überlebende
Kind von Vernon und Gladys Love Presley, da seine Mutter nach ihm
keine Kinder mehr haben konnte. Aus diesem Grund wählte seine
Mutter den Namen Elvis, indem sie die Buchstaben von „lives" (lebt)
vertauschte.

Neun Monate erlebte Elvis eine intensive Gemeinsamkeit mit
dem Zwillingsbruder im Mutterleib. Dann erst die Trennung durch
den Geburtsvorgang, die auch noch tragisch endet: Sein Bruder, der
Erstgeborene, stirbt. Elvis kann der Todespanik des Bruders nicht
entrinnen, schließlich sind sie durch die gemeinsame Plazenta miteinander verbunden. Und während des langen Geburtsprozesses ist
die Sauerstoffversorgung der Plazenta ohnehin gefährdet. In diesem
Zustand kann das Kind seinen Kopf mit dem Gehirn nicht mehr ad-
äquat schützen. Elvis musste daher seine ganze Bauch- und Becken-
energie einsetzen, um zu überleben und sich aus dem Geburtskanal
herauszuwinden. Wenn man das dritte perinatale Grundmuster zugrunde legt, kann man annehmen, dass die Lebensgefahr zu einer
Implosion im Kopf des Überlebenden geführt hat. So eine Implosion bewirkt eine Desorientierung im späteren Leben: Sicherheit und
Orientierung werden verleugnet.

Als Elvis aufwächst, ist er das Ein und Alles seiner Mutter, der
Orientierungspunkt schlechthin. Aber seine Blindheit für reale Lebensumstände wird sprichwörtlich. Wie ich es von anderen Zwil-
lingsgeburten weiß, bei denen ein Zwillingskind starb, prägt eine
unbewusste lebenslange Sehnsucht nach dem verstorbenen Zwilling
das Gefühlsleben. Manchmal glauben die Überlebenden, es nicht zu

verdienen, dass sie am Leben blieben. Auch bei Elvis ist eine ewige Suche erkennbar. Diese Unruhe, das Getriebensein und das Gefühl, niemals anzukommen, wird leicht zur Sucht. Elvis' Überlebensstrategie während der Geburt – der intensive Beckeneinsatz – hat ihm im Showgeschäft später die Bezeichnung: Elvis, das Becken, Elvis, the pelvis, eingebracht. Er liebte es, sein Becken extrem zu schwingen und zu bewegen. Seine erste Überlebensstrategie wurde zu seinem Markenzeichen.

Zum elften Geburtstag schenkt Gladys ihrem Sohn die erste Gitarre. Er revanchiert sich 1953 mit seinem ersten Song mit dem Titel: „It's alright, Mama!" Das Lied eines Sohnes, der die Mama trösten will. Er tut alles, um seine Mutter glücklich zu machen. So wundert es mich nicht, dass er mit keiner Frau glücklich wurde. Er ist schon besetzt und fühlt sich dafür verantwortlich, dass Mama glücklich ist. Diesem Auftrag fühlt er sich noch mehr verpflichtet, weil die Mutter nach der schweren Geburt der Zwillinge keine Kinder mehr bekommen konnte.

Als Elvis' Mutter 1958 stirbt, ist er 23 Jahre alt und muss mit der Armee nach Deutschland. Wie bei allen Muttersöhnen, die sich nie wirklich mit ihrer intensiven Mutterbindung auseinandergesetzt haben, wird ihr Tod nicht zur Befreiung, sondern bleibt wie im Leben ambivalent und bindend: Elvis' Leben ist doppelt und dreifach an seine Mutter gebunden. Als Erstes wollte er ihr den Verlust seines Bruders ersetzen. Konnte er seinem Bruder nicht helfen, so wollte er zumindest seiner Mutter helfen. Durch die Geburt war Elvis mit einem paradoxen, körperlichen und emotionalen Extremzustand zwischen Leben und Tod konfrontiert. Ein Zwillingkind, Elvis „alive", ging ins Leben, und der andere Zwilling, mit dem er inningste neun Monate im Mutterleib verbracht hatte, ging ins Reich der Toten.

Als seine geliebte Mutter starb, waren zwei wichtige Menschen aus seinem Leben in die andere Wirklichkeit gegangen. Für einen Menschen, der am Anfang seines Lebens auch vom Tod geprägt wurde, verstärkte sich damit noch mehr der Sog zum Tod hin. Der Versuch, mit Glanz und Glitter sein Leben zu erfüllen, ist nur Ablenkung und musste scheitern. Ein tragisches Leben voll Intensität, getrieben von der Sehnsucht nach innerer Fülle und Liebe, begleitet von latenter Traurigkeit. Ein Leben, das genauso tragisch mit Tabletten und Alkohol endet. Er starb am 16. August 1977 im Alter von 42 Jahren. Ich glaube, da kann ich nicht mehr sagen: „It's alright".

Mich fasziniert besonders die Intensität seines Lebens, wie eine Kerze, die an beiden Seiten brennt.

Ich umarme Dich,

Anita

Im Parterre

Körpertypen und Kindheit

L iebe Oma Berta,
wie Du siehst, erreichen wir in unserer Betrachtung schon einen umfassenderen Raum. Die Bibliothek der Körpertypologie steht im Parterre meines inneren Körperhauses. Im Erkenntniszimmer stehen einige Bücher des Psychologen Wilhelm Reich und des Bioenergetikers Lowen, das sind Fachbücher und eigentlich nur was für hartgesottene Wahrheitssucher oder Therapeuten. Gleich neben diesen intellektuellen Büchern steht das amüsante Buch von Roland Bäuerle, einem Journalisten, der humorvoll über die Körpertypen schreibt. Ich mache es mir im Sessel bequem und verweile gern in diesem Zimmer. Die anschauliche Darstellung hat sich schnell mit meinen eigenen Erfahrungen vermischt, aber der alltagstaugliche Blick für die Körperstruktur ist geblieben. In der Therapie ist so ein erster Blick sehr nützlich: Dann weiß ich gleich, wie ich jemanden unterstützen kann, um die eigene Kraft zu entdecken.

Ich erzähle Dir mal, wer sich um die Körpertypologie verdient gemacht hat: Im letzten Jahrhundert hat sich besonders Wilhelm Reich Gedanken gemacht, wie die Lebensumstände unserer Kindheit unseren Charakter prägen. Er beobachtete, dass bedrohendes oder auch manipulierendes Verhalten von Erwachsenen beim Kind zu unterschiedlichen Reaktionsmustern führt. Auf diese äußeren Einflüsse reagiert das Kind meist mit Vermeidung der bedrohlichen Situation. Wilhelm Reich erkannte, dass sich aus diesen Einflüssen später heimliche Widerstände ergeben. Ein heimlicher Widerstand zeigt sich beispielsweise im Zuspätkommen, in Fehlleistungen, gekünsteltem Auftreten, Sprechen usw. Auf diese Weise wird die Körperstruktur des Kindes ge- und verformt.

Also unseren Widerständen und Macken wollen wir jetzt einmal auf die Spur kommen. Wilhelm Reich hat in seiner Arbeit fünf Körpertypen unterschieden:

Die Erfahrungen des sogenannten schizoiden Charakters

Schizoid hat nichts mit der Geisteskrankheit Schizophrenie zu tun. Ein schizoider Mensch erlebte vorgeburtlich und/oder bis zum fünften Lebensjahr eine lebensbedrohliche Situation, die ihn vollständig überrollt und ihm Angst gemacht hat. Der Ausdruck schizoid hat nur insoweit etwas mit gespalten zu tun, als dass sein Körper sich für ihn wie fragmentiert anfühlt, von immerwährendem, unbewusstem Horror beherrscht. Sollte so ein Mensch überhaupt seinen Körper wahrnehmen, fühlt sich für ihn die linke Seite oft anders als die rechte an oder er fühlt den oberen Teil seines Körpers als vom unteren getrennt. Seine Körperhaltung ist Ausdruck seiner inneren Zerrissenheit. Mit unkoordinierten Bewegungen unterstreicht er sein inneres Gefühl. Er versucht, seine fragmentierte Körperstruktur, die von einem kleinen Kopf gekrönt wird, im Gleichgewicht zu halten. Dabei neigt er seinen Kopf zur Seite, was seinen Blickwinkel auf die Welt noch weiter verzerrt. Oft fühlt er sich in der Mitte seines Körpers wie gespalten. Charlie Chaplin ist ein Paradebeispiel eines schizoiden Körpertyps: tapsig, flüchtig und anrührend.

Die Leidensgeschichte des „oralen" Typs

Sie wird von der Geburt bis zum Alter von etwa eineinhalb in den Körper geschrieben. Das Kind erfährt einen Mangel an menschlicher Wärme oder Nahrung. Körperlich sind das die hoch aufgeschossenen Menschen mit Beinen bis zum Hals und Schmollmündern. Models verkörpern diesen Typ und werden erstaunlicherweise von Männern oft als Schönheitsideal gesehen. Ihre nach vorne gebeugten Schultern weisen auf ihre Schutzbedürftigkeit hin. Sie haben kaum Durchhaltevermögen und kollabieren leicht. Paradoxerweise sind sie, wenn sie anfangen zu joggen, genauso unersättlich, wie sie in ihrer Nahrungsaufnahme sein können. Sie tun es nicht unter 5.000 Metern und brechen dann am Ziel zusammen.

Über den „psychopatischen" Charaktertyp

Im Krabbelalter bis zum Alter von zweieinhalb Jahren wird die manipulierte Geschichte des „psychopatischen" Charaktertyps geschrieben. Das Kind wird von der Autoritätsperson, vornehmlich der Mutter, zu Wohlverhalten manipuliert und häufig mit doppelten Botschaften verwirrt. In diesem Alter vollzieht sich der erste wichtige Prozess der Individualisierung des Menschen zwischen Lieben und Wollen. Abhängig von der Liebe der Mutter entscheidet sich das Kind gegen das Umsetzen des eigenen Willens und drückt die Energie des Willens in den Oberkörper. Es bildet durch die verstärkte Energie einen großen Kopf aus und lernt, mit den Augen zu schmeicheln und zu verführen. Die Hoffnung ist nicht unbegründet, dass seine Verführungskünste Erfolg haben. Da die Energie in Oberkörper und Kopf sitzt, verliert es damit ein wenig die Bodenhaftung. Das Kind erfährt Liebe nie ohne Bedingungen. In seiner emotionalen Abhängigkeit lernt es, ein Meister im Schmeicheln und Manipulieren zu sein. Manipulierende Aussagen der Mutter wie: „Wenn Du nicht lieb bist, wird die Mama traurig" oder „wird die Mama krank" zeigen ihre Wirkung. Das Kind bekommt Angst, die Mutter könne sterben, bevor es die Chance hätte, ihre Liebe doch noch zu erringen. Da die Liebe nicht einfach da ist und fließt, glaubt es, um die Liebe kämpfen zu müssen, weil es nie entspannt Liebe gespürt hat.

Ich habe solch ewig Kämpfende als Erwachsene oft im Fernsehen im Boxring gesehen. Die Discos sind ein weiterer beliebter Ort, an dem die sogenannten Machos ihren Marktwert abchecken. In jungen Jahren konnte ich schon mal ihrem positiven Charme und ihrer umwerfenden Selbstüberschätzung erliegen. Verwirrend dabei ist, dass sie sich trotz aller Differenzen mit ihrer Mutter zu Mamas Liebling entwickelt haben. Der maskuline, eckige Kopf reizt und sein ausgeprägter, verlängerter Oberkörper suggeriert Schutz. Stand so ein Macho dann von seinem Stuhl auf, um mich zur Tanzfläche zu geleiten, entdeckte ich, dass ich einem Sitzriesen aufgesessen war, der mit erstaunlich kurzen Beinen durchs Leben ging.

Mit dem Lächeln der Erinnerung: bis bald

Anita

L iebe Oma Berta,
nachdem ich gestern noch etwas über die Sitzriesen und Machos meiner Jugend gekichert habe, sitze ich jetzt wieder im Parterre, im Kinderzimmer der Erkenntnis, und folge ganz ernsthaft weiter Wilhelm Reichs Ausführungen zu den Körpertypen. Als vierten Typus hat er den masochistischen Typen ausgemacht:

Der masochistische Typ

Denkt der psychopathische Typ ganz klar, er sei der Größte – wenn auch auf kurzen Beinen –, fehlt dem unverbindlichen, masochistischen Typ jegliche aufgeblasene Selbstüberschätzung. Was beide jedoch verbindet, sind doppelte Botschaften, die sie in ihrer Kindheit empfangen haben sowie – eng damit verknüpft – eine enge und ambivalente Beziehung zur Mutter. Während der psychopathische Typ offen zuschlägt und eventuell mit weiterer Gewalt droht, greifen die masochistisch geprägten Unverbindlichen heimlich an: Sie stellen Dir zum Beispiel ein Bein, behaupten dann, es sei ein Missgeschick, und setzen sich als verfolgte Unschuld in Szene.

Zu den als Kind empfangenen doppelten Botschaften kommt noch eine tief greifende Beschämung des Kindes hinzu: Ihr Wesen wurde im zarten Alter von zweieinhalb bis viereinhalb Jahren so verdreht, dass ihnen in diesem Alter nur noch der Rückzug in eine innere Bastion von Abwehrverhalten und Widerstand blieb. Alles, was sie von dieser Zeit an tun, ist darauf ausgerichtet, sich nicht zum Narren zu machen. Sie leugnen trotzig, wütend ihr Bedürfnis nach Nähe und Liebe. Ihre Mutter hat sie in ihren vitalen Bedürfnissen so beschnitten, beschämt und eingedämmt, dass sie nur versteckt ihre Bedürfnisse ans Licht bringen. Ihre Angst vor Missbilligung verstärkt ihre Unsicherheit. Sie fühlen sich nicht wert, geliebt zu werden. Wilhelm Reich nennt das die masochistische Struktur, weil Liebe, Leid und Widerstand unverbrüchlich miteinander verwoben sind. Helfen sie anderen, ist diese Hilfe oft Selbstzweck, was in drastischer Form die nachfolgende Geschichte von Thomas Mann verdeutlicht, die mir so passend von Matthias Mayer erzählt wurde:

Tobias Mindernickel von Thomas Mann

Tobias Mindernickel ist ein menschenscheuer Mann unbestimmten Alters und verlässt nur selten seine unordentliche Wohnung, da er auf der Straße in seinem Viertel sofort von den Straßenjungen verspottet wird und die Erwachsenen diesem Treiben keinen Einhalt gebieten. Was diese Gewohnheit eigentlich ausgelöst hat – in anderen Stadtteilen widerfährt ihm solches nicht –, ist unklar, liegt vermutlich jedoch einfach an seiner scheuen und gedrückten Art. Eines Tages fällt einer der Jungen, die ihn immer verfolgen, über seine eigenen Füße, stürzt und schlägt sich die Stirn blutig. Plötzlich ist Tobias wie verwandelt, hilft dem Knaben auf, tröstet ihn und verbindet ihm mit seinem eigenen frischen Taschentuch die Wunde. Der Vorfall spricht sich herum und eine Zeit lang wird Mindernickel nun in Ruhe gelassen, doch ist dies nicht von langer Dauer. Bald geht wieder alles seinen gewohnten Gang.

Auf einem seiner seltenen Spaziergänge kauft sich Mindernickel spontan einen jungen Jagdhund, den er mit in seine Wohnung nimmt und Esau nennt. Nun hat er, der bislang nur hin und wieder an einem Blumentopf, in dem sich außer Erde nichts befindet, gerochen hat, endlich Gesellschaft und eine Beschäftigung. Aber Esau ist nicht bereit, sich den ganzen Tag nur verhätscheln und auf dem Sofa kraulen zu lassen; er muss seinem Bewegungsdrang nachgeben und flieht mitunter sogar hinaus auf die Gasse, was dann zu einem besonderen Vergnügen für die Nachbarn wird. Mindernickel reagiert auf solche Ausbrüche jugendlicher Lebenslust verbittert.

Eines Tages rennt Esau, als Mindernickel ihm sein Futter zubereiten will, in das ungeschickt gehaltene Messer. Nichts könnte seinen Herrn glücklicher machen: Der Hund kann nicht mehr umhertoben, sondern muss sich pflegen und bedauern lassen.

Doch kaum ist Esau wieder genesen, beginnen die alten Schwierigkeiten wieder. Mindernickel beobachtet vergrämt seinen lebenslustigen jungen Hund, und plötzlich gibt er einem Einfall nach: Er sticht mit dem Messer auf Esau ein, fügt ihm eine tiefe Wunde zu und packt ihn gleich darauf unter bedauernden Reden aufs Sofa, um ihn nun wieder versorgen zu können. Doch er hat zu heftig zugestochen. Das Tier stirbt ihm unter den Händen weg.

Ich finde es besonders tragisch, wie in dieser Geschichte Versorgung so extrem mit Liebe verwechselt wird. Für dieses Gefühl, gebraucht zu werden, alles zu tun, selbst wenn es dem anderen das Leben kostet. Welch ein großer Irrtum, Mitleid mit Liebe zu verwechseln, dafür nimmt er sogar den Tod des Hundes billigend in Kauf. Da bekomme ich ja heute noch Gänsehaut, da war ja selbst die Geschichte von „Gevatter Tod" für mich nicht so gruselig.

War jetzt keine „Gutenachtgeschichte"!

Große Umarmung,

Anita

Die Unschlagbaren und Körpertypen im Alltag

L iebe Oma Berta,
also heute komme ich zum fünften und letzten Charaktertyp. Die „rigiden" Charaktertypen würden sich immer als die unschlagbaren „Ersten" sehen. Wenn bis zum vierten und fünften Lebensjahr das Leben des Kindes ohne große Störung verlaufen ist, sind die Gliedmaßen wohlproportioniert ausgeformt und gehören dem „rigiden" Typen. Diese Typen sind arbeitssüchtig, ehrgeizig und von sich selbst überzeugt. Ihre Störung im Kindesalter tritt ein, wenn der gegengeschlechtliche Elternteil, also eventuell der Vater das Mädchen im Alter von vier, fünf Jahren abrupt zurückweist, weil er fühlt, dass das Kind erste erotische Gefühle entdeckt.

Da fällt mir ein Beispiel wieder ein, das mir einmal erzählt wurde und mit dem ich im Nu begriff, wie unterschiedlich jeder Körpertyp auf eine Situation reagieren kann. Im ursprünglichen Beispiel geht es nur um die Reaktion eines psychopathisch gestrickten Typs. Mir fielen aber gleich auch all die anderen Reaktionen der verschiedenen Körpertypen ein. Das Beispiel: Ein Mann spielt gern und häufig Golf, was seiner Frau ein Dorn im Auge ist. Die verschiedenen Körpertypen würden vermutlich so reagieren:

Der hauptsächlich schizoid geprägte Körpertyp antwortet nicht auf den Konflikt, verzieht sich in seine Traumwelt, setzt den Kopfhörer auf und hegt teuflische Gedanken, die er hinter geschlossenen Augen Wirklichkeit werden lässt.

Der orale Typ sagt: „Ich hab doch außer Golfen nichts, und jetzt willst Du mir das Einzige, was ich habe, auch noch wegnehmen." Schaut wehleidig, mit traurigen, bittenden Augen.

Der psychopatisch Geprägte geht sofort zum Angriff über: „Ehe ich das Golfen aufgebe, ziehe ich lieber aus." Sich im Golfsport zu messen ist für seine Kämpfernatur wichtig. Er blufft aber, indem er so tut, als wäre ihm die Beziehung nicht wichtig.

Der masochistisch Geprägte fängt an zu jammern: „Nichts ist Dir recht, immer hast etwas an mir auszusetzen, Du bist wie meine Mutter." Oder die härtere Variante, weil sie nicht so leicht zu identifizieren ist: „Du bist wie deine Mutter."

Der Rigide sagt: „Ich werde das nicht aufgeben, ich gehöre zu den Besten im Golfclub, die können nicht auf mich verzichten."

Konntest Du aufgrund meiner Ausführungen verstehen, wie allein aus den Reaktionen der einzelnen Typen ein geschulter Blick erkennen kann, in welcher Zeit der Kindheit uns ein Stempel aufgedrückt wurde?

Die Anthroposophen und Naturvölker sagen, dass die Ahnen von den Lebenden lernen. Ich hoffe, diese Geschichte war nicht nur inhaltsreich für Dich, sondern diesmal vielmehr eine amüsante „Gutenachtgeschichte".

Dicke Umarmung,

Anita

Der Seelenvogel von Martha – ein Fallbeispiel

*L*iebe Oma Berta,
als ich heute Morgen aufwachte, war mir ein Traum noch sehr gegenwärtig: Ich hatte von einem Garten mit vielen singenden Vögeln geträumt und die Fenster meines südlichen Zimmers der Erkenntnis standen weit offen. Und da fiel mir plötzlich wieder die Geschichte einer Patientin ein, der ich einmal das Märchen vom „Goldenen Seelenvogel" erzählt habe. Eine Seelengeschichte, die heute noch genauso passt wie schon vor Hunderten von Jahren. Das Märchen handelt von einem Handwerksburschen, der nach seiner Lehrzeit einen goldenen Vogel in einem hölzernen Käfig als Lohn bekommt. Sein Lehrherr beschwört ihn, diesen Vogel in seinem hölzernen Käfig zu lassen. Auf seinem Weg nach Hause macht er Rast in einer etwas zwielichtigen Schänke. Im Gasthaus sitzen dunkle Gestalten, die kräftig dem Wein zusprechen. Der Gastwirt besitzt einen goldenen Käfig, und der Wandergeselle kann nicht widerstehen und setzt sei-

nen goldenen Vogel in den goldenen Käfig. Sofort beginnt der Vogel mit einem fürchterlichen Gezetere. Der Wandergeselle wird daraufhin von Wachleuten, die auch in der Schänke sitzen, ergriffen und ins Gefängnis gesteckt. Er war der Verführung des goldenen Käfigs, der Gier, erlegen und sein Seelenvogel verstummte danach. Die Folge davon war, dass innerlich die Scham überhand nahm .

Ich erinnere mich noch, als ob es gestern gewesen wäre. Ein bedrückendes Gefühl, wie zerstörerisches Verhalten sich zwanghaft wiederholt. Einer Patientin drückte ihr ungeöffneter Rucksack, in dem wir ja alle unsere Prägungen mit uns herumtragen, bleischwer auf die Schultern. Vergiftete Kindheitserlebnisse mitgeschleppt als schamvolle Erlebnisse, die wie huschende Schatten den Alltag verdunkeln. Sie konnte sie zwar erstaunlich klar formulieren und dennoch schien sie davon besessen, ihre eigene und die erlittene Destruktivität weiterzureichen, als wäre es ein unabwendbares Gesetz. Ich erinnere mich, wie ihre ehrlichen Worte mein Herz mit dem ihrem mitschwingen ließ: „Ich spüre einen permanenten, dumpfen Schmerz in mir, der auch in guten Zeiten immer parallel läuft. Wenn ich dann mit jemanden zusammen bin, dem es besser geht als mir oder der mir im Moment nicht seine Aufmerksamkeit schenkt, kann ich nicht anders, als ihn zu verletzen, damit es ihm genauso schlecht geht wie mir." Sie war zwar immer noch im Käfig ihrer Handlung gefangen, und doch zugleich ihrer Erlösung sehr nah, weil sie sich ihr Verhalten nicht schönredete. Sie zeigte sich mir mit ihrem heimlichen Neid auf jeden, dem es besser geht, und litt gleichzeitig darunter, dass sie ihren Liebsten zwanghaft schädigen musste, ohne dass es ihr erst einmal gelang, darauf Einfluss zu nehmen.

Hier ist die magische, zwingende Wirkung des Traumas zu sehen. Wem ging es in ihrer Kindheit immer besser als ihr? Wer steht heute stellvertretend dafür? Solch unbewusste, verschobene Bestrafungsmechanismen werden in Beziehungen Nähe und Liebe permanent verhindern, weil der Bestrafte nicht der Verursacher des Leides war. Die Verantwortung gehört dem Verursacher. Sonst verkommt die Reaktion zu einer nie enden wollenden Story. Jedes mit Zurückweisung des Liebsten geendete Erlebnis wird als missglückt und trennend gespeichert und der alte Schmerz damit vertieft. Alte Auslöser und neue Erlebnisse verbinden sich. So potenziert sich der negative Anteil lawinenartig durch den Wiederholungseffekt. Ihre Wahrheitsliebe war jedoch schon Teil ihres Erkenntnisweges, um aus dem verzauberten, negativen Zerstörungsmechanismus eine erlöste Gewinnsituation für beide Partner zu machen. Sie brauchte jemand Vertrauenswürdigen, der ihr half, durch ihre Angst zu gehen, denn da geht's weiter. Erkenntnis der Situation ist der erste Schritt, gefolgt vom zweiten: sich in einem liebevollen, mitfühlenden Raum Zeit zu geben und sich der eigenen Ressourcen bewusst zu werden, um dann den Mut zu haben, die Tür zum Raum des Vergessenen zu öffnen.

Sie fühlte sich bis dahin wie unter dem Schutt und Geröll eines eisigen Gefühls begraben. Diese Masse von Schutt zeigt sich gelegentlich auch im äußeren Leben: In manchen Wohnungen sammelt sich genauso viel Schutt und Schrott an wie innerlich gefühlt wird. Gefangen im Käfig der Sicherheit und der Materie kann nicht unterschieden werden, was nützlich ist und was schadet, deshalb wird lieber alles behalten. Es ist, als hätte man die Hoffnung, aus altem Trödel Gold machen zu können. Man klebt an alten Dingen nach dem Motto: Ich vertraue nur dem Materiellen, das gibt mir Sicherheit, menschliche Bindungen haben mich enttäuscht. Bevor man wie meine Patientin ganz ehrlich zu sich sein kann, lebt man im inneren Widerstand. Manche entwickeln sogar die fixe Idee, frei zu sein, indem sie andere aktiv zurückweisen.

Der eigenen Herzlichkeit und Fülle ist man sich dann nicht bewusst. Aus Angst, zu verhungern, hält man sogar die eigenen Ausscheidungen fest unter Kontrolle. Der goldene Seelenvogel sitzt im materiellen Käfig und singt nur selten. Je mehr Gefühle oder Materie einen festhalten, umso mehr resigniert man. Dieses Chaos übernimmt äußerlich wie innerlich die Herrschaft; Haus und Seelenlandschaft verkommt. Oft macht sich dann Lethargie breit. Das Überleben wird dadurch gesichert, die Schuld für das empfundene Leid der Gesellschaft zuzuweisen. Das Leben ist nur dann erträglich, wenn man sich als Opfer dieser Welt fühlt.

Liebe Oma, hast Du gewusst, dass beschämte Menschen in Gedanken permanent in der Vergangenheit leben? Selbst wenn sie allein sind, herrscht in ihrem Kopf immer ein Gedränge. Allein die Erinnerung an eine schambesetzte Situation kann in ihnen ein qualvolles Erlebnis auslösen. Dazu ist noch nicht einmal ein äußerer Reiz nötig. In Zeiten, in denen sie dem Schmerz nicht ganz ausweichen können, vergraben sie sich unter einer Schicht von Melancholie. Sie pflegen eine latente Traurigkeit, indem sie sich nur noch bis zur Couch bewegen und mit der Fernbedienung durch die Fernsehprogramme zappen. Sie bemitleiden sich selbst und fühlen sich ungeliebt. Dann wollen sie wie ein Kind getröstet und in ihrem Leid bestätigt werden. In solchen Zeiten verwechseln sie eindeutig Mitleid mit Liebe.

Ihre unglaubliche persönliche Kraft ist in Depression gebunden und gelähmt. Lebenslang investieren sie in freundliche, unverbindliche Abwehr oder in massive Zurückweisung – was ihnen irgendwann zum Verhängnis wird. So wird ein Anlauf in die verkehrte Richtung genommen. Sie wollen Liebe und ernten Distanz. In unserem Land gibt es viele Menschen, die auf halben Touren laufen, weil ihr Widerstand drei Viertel ihres Energiepotenzials bindet. Haben sie sich aber innerlich von diesem Schrott befreit, sind sie spontan und die Herzenskinder dieses Landes.

Von deinem Herzensenkelkind

Anita

Vom Schicksal meines Vaters und dessen Bindungsangst

L iebe Oma Berta,
heute bitte ich Dich, mich in das nördliche Zimmer des Erinnerns im Parterre zu begleiten. Es hat eine Weile gedauert, bis ich die Rolle meines Vaters, Deines Schwiegersohns, als erste Begegnung mit dem Männlichen verstanden habe. Ich wusste nur nicht, wie sehr seine Spiegelung von mir durch seine Bindungsangst gefärbt war und mir ein unvollkommenes Bild meiner eigenen Liebesfähigkeit geben konnte.

Wie Du weißt, hat mein Vater mit drei Jahren seine Mutter verloren. Sein Schicksal war es dann, mit vier anderen Kindern von seiner ältesten Schwester aufgezogen zu werden. Durch den Tod der Mutter erlitt er aus meiner heutigen Sicht ein Bindungstrauma. Großvater war mit der Aufgabe überfordert, die fünf Kinder alleine großzuziehen.

Vater war ja eher wortkarg, und so hat er mir nur sehr wenig von seiner Kindheit erzählt. Die klare Botschaft hinter den dürftigen Worten war, dass er seinen Vater als streng und strafend erlebte. Härte und Strenge prägten seine Kindheit sehr. Seine Geschwister und er mussten ihren Vater ehrfürchtig mit: „Herr Vater" und dem altmodischen, in der wilhelminischen Zeit üblichen „Ihr" ansprechen. In dieser Kälte und Unverbindlichkeit zählte das Trauma des Verlustes seiner Mutter doppelt. Seinem kindlichen Verständnis nach hatte seine Mutter ihn allein in einer feindlichen Welt zurückgelassen. So geprägt konnte er keiner Bindung wirklich vertrauen.

Diese Distanz hat mich angespornt, jede Gelegenheit geschickt zu nutzen, um meinem unnahbaren Vater nahezukommen. Du erinnerst Dich: Ich kletterte auf seinen Schoß, um seine Haare zu kämmen. Die waren so zart für mich wie Maulwurfsfellchen (ich hatte einmal einen wunderschön samtigen Maulwurf im Garten gesehen). Aber mein Schmeicheln half nichts. In kürzester Zeit wurde ich wieder auf den Boden gesetzt und Papa war wieder auf der Flucht. Er konnte meine Nähe und Berührung kaum aushalten. Heute frage ich mich, ob er dem tief verborgenen Schmerz des Verlustes seiner Kindheit ausweichen wollte? Ich hatte das Gefühl, an seinem abwehrend ausgestreckten Arm zu verhungern. Die Strahlen meiner unschuldigen Kinderliebe fielen auf seinen zersprungenen und beschlagenen Herzensspiegel.

Meine Eltern wussten nichts von ihren fragmentierten Herzensspiegel. Beide litten den tiefen Schmerz der Entbehrungen aus frühester Kindheit. Mama war, wie Du am besten weißt, ohne ihren Vater aufgewachsen und Papa ohne seine Mutter. Sie suchten ineinander gegenseitig diesen väterlichen und mütterlichen vermissten Teil, um ihre schmerzhafte Zersplitterung zu kitten. Sie lebten eine Rosenliebe mit einem immerwährenden Stachel im Fleisch und dem Wunsch, endlich gemeinsam eine perfekte Liebesrosenknospe zu entwickeln. Da sie ihren eigenen Stachel aus dem frühkindlichen Verlust nicht erlöst hatten, war einer dem anderen böse, weil sie sich diese Illusion des „Heilwerdens" nicht erfüllen konnte. Du erinnerst Dich, wie beide verzweifelt darüber stritten, wer sich von ihnen am meisten dem anderen entzog.

Sie waren beide traurig und unglücklich. Aus diesem Schicksal heraus konnte sich mir Mutti manchmal liebevoll zuwenden, und dann war sie wieder unerreichbar in einem Land verschwunden, zu dem ich keinen Zutritt hatte. Und doch haben mich all diese Erfahrungen gestärkt. Heute kann ich sagen: Es gibt zum Glück kein Friede-Freude-Eierkuchen-Land. Gerade das Unvollkommene, Fragile meiner Erinnerungen hat mich aufgerüttelt, bereitgemacht für ein Leben mit ständig wechselnden Herausforderungen. Ich fühle, dass das, was ich von Euch bekommen habe, gereicht hat, um etwas Gutes daraus entstehen zu lassen.

Mit diesen Erinnerungen stelle ich die Aufzeichnungen ins Regal zurück, werfe noch einmal einen Blick in den Raum, der schon viel heller geworden ist, und wende mich dem ersten Stock zu, mit den Räumen der Beziehung zwischen Mann und Frau.

Mit der Unbeschwertheit des Kindes fühl Dich umarmt und geknutscht

Anita

Erster Stock

Illusion und Pubertät

L *iebe Oma Berta,*
ich bin ja bekannt dafür, dass ich eine gehörige Portion Naivität und eine gesunde lebensbejahende Einstellung habe, die mich auch in dunklen und schwierigen Zeiten wie ein Stern leitete. Im Zimmer der Erinnerung im ersten Stock steht der Band mit der Aufschrift „Teenager". Es scheint mir, als wären seither Äonen vergangen. Damals gab es noch den Begriff „Backfisch", weiß der Kuckuck, was das bedeuten sollte, wahrscheinlich besonders junger Fisch. Ich nannte mich jedenfalls modern Teenager und wähnte mich auf der Schwelle zur Frau. Und dann war er auch schon da: der junge Mann mit den starken, sonnengebräunten Oberarmen und dem kleinen Ansatz von Bauch, den ich übersah. Wie das bei der ersten Liebe ist, hatte ich alle guten Charaktereigenschaften auf ihn projiziert, überrollt von Verliebtheitsgefühlen. Wie bei jedem „Traum" mit Stolpersteinen.

Ich bereue nichts aus dieser Zeit, obwohl es Zeiten gab, in denen ich meine jugendliche Euphorie verwünscht habe und mir einen kühlen Kopf oder vielmehr einen kühlen Bauch gewünscht hätte. Es war nichts zu machen: Träumen ist das Vorrecht der Jugend.

Als mich der junge Mann mit der Elvislocke das erste Mal nach Hause brachte, fühlte ich mich geschmeichelt. Alles war für einen romantischen Abend gerüstet. Der Vollmond hing wie ein Lampion am Himmel. Im Juni hat er so eine Art warmes Licht, das die Herzen berührt, und so war es auch bei mir. Mein Herz pochte, als dieser Bursche in der schwarzen Lederjacke mir am Hoftürchen ins Ohr flüsterte: „Für Dich würde ich zu Fuß über den Ozean gehen." Wer würde in so einem Moment noch überlegen, dass bis jetzt nur Jesus über das Wasser gehen konnte? Was für ein Spruch! Von so etwas hatte ich immer geträumt! Unerfahren wie ich war, konnte ich Sprüche noch nicht von echten Gefühlsregungen unterscheiden. Das gehört wohl zu den magischen Zeiten der noch unerfahrenen Frau.

Wie Du weißt, holte er mich dann mit seinem Motorroller ab. Dieser Typ mit schwarzer Rockerlederjacke und modernem Polohemd ging mit mir ins Kino und holte mich vom Turnen und vom Rollschuhtraining ab. Die ersten unschuldigen Annäherungsversuche. Irgendwann gab es mehr als Annäherungsversuche und ich war schwanger. Du hast immer zu mir gesagt: „Kind, pass auf!" Nur auf was, hattest Du vergessen zu erwähnen. Berufstätigkeit ade, die Jugend war damit zu Ende. Verantwortung und Ernsthaftigkeit waren plötzlich gefragt.

Ich ging über eine Schwelle und war – wie häufig in meinem Leben – Quereinsteiger, von der Kindheit im Schnelldurchlauf durch die Jugend und hinein in die Erwachsenenzeit! Aber in diesem Zwischenstück war wie im Zeitraffer alles enthalten, was das Leben für mich so bereithalten sollte, so auch die Begegnung mit meiner zukünftigen Schwiegermutter.

Fühl Dich umarmt,

Anita

Prüfung zum Erwachsenwerden

Liebe Oma Berta,
habe ich Dir eigentlich je von meinem ersten Besuch im Eltern-
haus meines zukünftigen Mannes erzählt? Als ich das kleine Fach-
werkhäuschen betrat, überkam mich ein ganz undefinierbares Gefühl. War es Angst, Vorahnung oder die ganz normale Aufregung,
wenn man mit der Mutter seines Freundes bekannt gemacht wird?
Aus irgendeinem Grund zog sich mein Herz zusammen und es war,
als lege sich eine dunkle Wolke darüber. Der Aufruhr meines Inneren schien im Gegensatz zu dem zu stehen, was mir gezeigt wurde:
Da wuselte eine grauhaarige, von der Arbeit gebeugte Frau durch
die düstere Küche. Ich weiß selbst nicht warum, aber ihre übertrie-
bene Fürsorge überforderte mich.

Ruhelos schleppte sie Tüte für Tüte herbei und drapierte die auf-
gerissenen Tüten auf einem Berg auf den Küchentisch, aus ihnen
quollen Brötchen und Stückchen vom Feinsten, und Schinken und
Wurst. Irgendwoher tauchte ein Glas mit Gurken auf und obendrauf
kam die Butter in ihrer Silberfolienverpackung. Mir wurde ein Brett-
chen gegeben und ein Messer in die Hand gedrückt. Eine Flasche
Malzbier in ein großes Glas geschüttet. „Nun iss", forderte mich die
Frau von der anderen Seite des Tisches her auf. Mir war ein Platz auf
dem Sofa zugewiesen worden.

Beim Hinsetzen drohte ich zwischen den Kissen im weichen Sofa
zu versinken, und meine Nasenspitze schaute nur wenig über das
Chaos des Tütenberges. Verlegen strich ich mir den Pony aus der
Stirn, mein Pferdeschwanz wippte unsicher hin und her, und ich versuchte mühsam, meine Petticoats zu ordnen. Mein Herz pochte wie
wild. Während seine Mutter herumwuselte, schaffte sie es, mich permanent aus ihren wasserblauen Augen zu beäugen, was mir großes
Unbehagen verursachte, das ich körperlich wahrnahm. Ich war verwirrt von so viel Gastfreundschaft und so viel Chaos.

Unterschwellig spürte ich ihr Misstrauen. Sie hantierte geschäf-
tig in ihrer Küche herum und brachte alles herbei, was Haus und Kel-
ler zu bieten hatte. Dabei schaffte sie es, mich auszufragen: wie viele

Geschwister ich habe und was mein Vater denn so arbeiten würde. Ich wurde, obwohl braunäugig, als leicht zu beeinflussendes, naives, blauäugiges Mädchen eingestuft, das keine Gefahr für den Besitzanspruch der Mutter an ihren Sohn darzustellen schien. Schwiegermütter haben ein Näschen für so etwas. Sie hatte meine Prägung schon richtig erkannt, was die darauffolgenden Jahre bewiesen. Ich war sozial angepasst und immer darauf bedacht, alles möglichst gut und richtig zu machen.

Ich nahm meine bedingungslose Kinderliebe mit in mein Erwachsendasein.

Ich umarme Dich

Anita

Wiederholung des eigenen Traumas

Liebe Oma Berta,
ich habe Euch damals alle überrascht, als ich mich von der Jugend ins Erwachsenenleben katapultierte. Von jetzt auf gleich kündigte sich schon das erste Stockwerk meines Seelen-Hauses an. Ich war verheiratet. Gerade mal drei Wochen war der große Tag her. Ein nebliger Tag: in einem weißen Kleid hatte ich mit rosa Bäckchen aufgeregt mein „Ja" gehaucht. Es war Freitag, der obligatorische Männerabend, mein „Elvis-Presley-Verschnitt" war ausgegangen. Ich hatte mich schon mal ins Bett gelegt und wollte ihn überraschen. Aber ich konnte nicht wach bleiben und war schneller eingeschlafen als gedacht. Seit ich schwanger war, war ich ganz verschlafen, das neue Leben in mir brauchte viel Kraft.

Mitten in der Nacht wachte ich plötzlich von einem Geräusch auf. Vor dem Bett stand mein Mann mit einem Gewehr im Anschlag, das ihm ein amerikanischer Soldat überlassen hatte. Ich erschrak zu Tode – und er konnte sich vor Lachen kaum halten. Für ihn war es nur ein Scherz, mit dem er mich erschrecken wollte, aber für mich zerstob die Illusion und die Hoffnung, in unserer Beziehung Geborgenheit zu finden. Ich spürte eine versteckte unterschwellige Aggression und ahnte, dass ich da etwas abbekam, was nicht zu mir gehörte.

Viel später erzählte er mir, dass seine Familie und er, ein dreijähriger Junge, bei der Vertreibung aus ihrer Heimat von russischen Soldaten mit Maschinengewehren bedroht worden war. Das muss schrecklich gewesen sein! Jetzt hatte er unbewusst die Möglichkeit ergriffen, das innere Szenario des Schocks und des Schrecks nachzuspielen, aber diesmal aus der Position der Macht heraus. Später habe ich gelesen, dass Traumatisierte oft das Trauma in verschleierter Form wiederholen. Das Trauma meines Mannes war nun in gewisser Weise auch zu meinem Trauma geworden. Und diese Erfahrung war ähnlich wie die Geschichte meiner Mutter, die, als sie mit mir schwanger war, von Amerikanern mit Maschinengewehren aus dem Haus getrieben wurde. Nur diesmal war ich die Schwangere. Beide Geschichten deckten sich und wurden in dieser Nacht zu meinem eigenen Erlebnis.

Der Schock war wie ein Nordwind, der den Garten verwüstet. Unruhe machte sich breit. Ich war immer in Alarmbereitschaft. Auf einmal schien der Alltag emotional unvorhersehbar. Wie sehr ich immer von der äußeren Stimmung meiner Umgebung abhängig war, weißt Du nur zu gut. Jetzt war ich selbst aus dem inneren Gleichgewicht geraten. Ich versuchte, freundlich ein Gleichgewicht wiederzuerlangen, obwohl ich damals noch nicht einmal genau wusste, was mich aus dem Gleichgewicht gebracht hatte. Ich hatte die nächtliche Erfahrung gedanklich ins Zimmer des Vergessenen gesperrt.

Der unerwartete Schreck der Nacht saß tief und manifestierte sich in meinem Körper. Mein Rücken zog sich zusammen, und Schauer liefen meine Beine hinunter. Am nächsten Morgen hatte ich das Gefühl, als würde mir der Rücken brechen. Es war mir an die Nieren gegangen. Ich habe Dir ja schon erzählt, dass die Nieren in der ganzheitlichen Sicht für das Wässrige, Gefühlvolle und die Angst stehen. Sie werden in der Körpersprache durch ihre paarige Anordnung allgemein den menschlichen Beziehungen, aber besonders der Paarbeziehung zugeordnet.

Heute weiß ich, dass bei einem Schock neuronale Sperren den Zugang im Großhirn und im limbischen System verschließen. Nur das Stammhirn mit seinen Urfunktionen von Flucht oder Angriff wirkt auf die Amygdala ein, die durch das Freisetzen von Adrenalin das Überleben sichert. Auch wenn ich von der letzten Nacht noch wusste und die Erregungsstufe meines Schrecks wohl noch ohne Kurzschluss reagierte, wollte ich mich dennoch, wenn möglich, nicht daran erinnern. Aber mein Körper erinnerte sich daran, auch wenn mein Geist sich bemühte, die nächtliche Situation zu verdrängen. Wie ein unvollendeter Energiekreislauf trug der Körper diese Erfahrung in sich. Bei mir löste es kein seelisches Symptom mit unbestimmter Angst aus, sondern führte zu einem konkreten, körperlichen Symptom.

Ein, zwei Tage nach dieser bedrohlichen Szene in unserem Schlafzimmer bekam ich im fünften Monat meiner Schwangerschaft starke Nierenkoliken, die mich fast entzweirissen. Mir war sterbenselend. Kam das von dem nächtlichen Schrecken oder hatten die Schmerzen einen anderen, ganz plausiblen Grund?

Erst Jahrzehnte später, als die Nieren, die von Kindheit an meine Schwachpunkte waren, immer mehr Symptome produzierten, wurde ich bei einer „Craniosacral Balancing"-Sitzung wieder auf diesen Schrecken aufmerksam gemacht.

Mit craniosacral wird das feine und tief wirkende Zusammenspiel von Hirn- und Rückenmarksflüssigkeit bezeichnet, der „Atem des Lebens", wie ihn Dr. Sutherland, einer der Väter der craniosacralen Methode, nennt. Der erste Puls des Lebens, der im Mutterleib entsteht, wird am Schädel, an der Wirbelsäule und am ganzen Körper in seinen unterschiedlichen Rhythmen und Frequenzen erkennbar. Dieser Rhythmus kommuniziert mit dem Zellgedächtnis des Körpers.

Mein Körper in seiner Weisheit hatte nichts vergessen, seiner Aufgabe getreu hatte er mich wieder erinnert. Nach über 36 Jahren konnte ich endlich die abgetrennten Gefühle des Schrecks integrieren. Ich schaute diesmal mit der mitfühlenden Unterstützung meiner Freundin Ursula in den Raum des Vergangenen und Vergessenen. Ich kannte schon die Welle, mit der dann das Nervensystem die eingeschlossene Energie frei gibt.

Doch bevor die Welle kam, fühlte ich mich wie in zwei Teile geteilt. Das Gefühl der Trennung, das ich in der Vergangenheit oft empfunden habe, fühlte sich an, als ob mein Körper an der Vorderseite förmlich aufgerissen würde. Es war, als ob nur eine dünne Schicht in meinem Rücken zurückblieb und eine tiefe Spalte meinen Oberkörper von meinem Unterkörper trennte. Obwohl ich mich verletzlich fühlte, spürte ich gleichzeitig, dass dies auch der Heilung diente und ich diesem Heilungsprozess zustimmen konnte.

Ich hatte das Gefühl, als ob sich meine Nieren im Becken drehen würden. Aus meinem tiefsten Inneren erhob sich ein Stöhnen. Meine Kiefer begannen zu zittern. Ich entlud die jahrelang festgehaltene Ladung des unvollendeten Kampf- und Fluchtreflexes. Trotz der heftigen Gefühlsreaktion fühlte ich mich von der unterstützenden Hand und von der beruhigenden Nähe und Anwesenheit Ursulas während der „Craniosacralen Behandlung" gehalten. Ich konnte loslassen, emotional wie körperlich. Die erlösende Welle durchströmte mich.

Die eingeschlossene Energie ließ den ganzen Körper erbeben und in dieser Woge lösten sich die verdrängten Gefühle. Langsam begann sie abzuebben, und mein Körper fühlte sich schwer an. Ich versuchte, meine Beine zu bewegen. Schwerfällig setzte ich mich auf. Neben der Schwere des Körpers fühlte sich mein System erleichtert an. Die Weisheit meines Körpers hatte mich wieder innerlich zu diesem Ereignis zurückgeführt. Jede Zelle meines Körpers wurde wie von einer Welle durchströmt, die wie Champagner prickelte. Ich war erleichtert, wie von einer alten Last befreit und auch ein bisschen müde.

Für Dich sind meine Ausführungen wahrscheinlich nicht so leicht nachvollziehbar. Ich kann Dir daher nur schwer vermitteln, wie froh ich bin, dass es heute wunderbare, ganzheitliche Therapiemöglichkeiten gibt, die alte, seelische Wunden heilen und damit unerwartet Kraft freisetzen.

Ein bisschen schwach, aber ganz glücklich,

Anita

Beziehung zu einem innerlich abwesenden Partner

L *iebe Oma Berta,*
jetzt, wo ich schon viele Erfahrungen mit Beziehungen gemacht habe, finde ich es besonders schön, mit Dir darüber von Frau zu Frau zu reden. Heute sind wir beide im Süden des ersten Stocks meines inneren Hauses, dem sogenannten Erkenntniszimmer. Hier sind meine bewussten Erfahrungen mit Partnerschaft, Beziehung und die eigene, erwachsene Wahrnehmung von mir als Frau versammelt.

Ich musste ja in der Vergangenheit ordentlich mit dem Männerbild aufräumen, das Du mir vermittelt hattest. Da war so etwas zwischen den Zeilen wie: von Männern ist nicht allzu viel zu halten. Diese Botschaft hatte wohl viel mit den schwierigen Erfahrungen mit Deinem kurzzeitigen Ehemann zu tun. Ich weiß nur: Es gab immer ein großes Geheimnis um diese Ehe. Als ich sieben Jahre alt war, entdeckte ich unter der Schreibtischunterlage ein Foto von Großvater. Meine neugierigen Nachfragen stießen bei Dir auf eisiges Schweigen, ein schmerzhaftes Thema, das Du abgetrennt hattest. Aber Du bist mir sehr wichtig, und daher nehme ich Dich auf meine Exkursion mit. Ich nehme an, Du kannst ganz schön viel mit dem Thema eines innerlich abwesenden Partners anfangen.

Vor Jahrzehnten hätte ich vehement bestritten, dass ich ausgerechnet in der Beziehung zu einem extrem gegensätzlichen Partner meine eindringlichsten Lebenserkenntnisse gewinnen würde. Heute weiß ich, diesen schwierigen Beziehungen wohnt ein explosionsartiges Potenzial inne. Sie können einen wahrhaften Wachstumsschub im Leben eines Menschen auslösen. Was aber eindeutig mit einschließt, dass sich beide Partner in helle Verzweiflung bringen werden.

Du erinnerst Dich an die perinatale Konditionierung, die den Helfertyp mit seiner alles überschwemmenden Lebensenergie hervorbringt? Ein extremes Gegenstück in der Paarbeziehung ist jemand, der im Uterus oder auch während der ersten fünf Jahre seines Lebens ein unerträgliches Trauma erlebt hat. Ein solchermaßen traumatisierter Mensch zieht sich zurück, und zwar so stark, dass er fast wie in einem inneren Kerker gefangen ist. Während der Helfer trotz oder gerade wegen seiner Konditionierung die Welt und die Menschen als positiv erfährt, erlebt der innerlich abwesende Partner seine Umwelt als feindlich und bedrohlich. Solcherart Traumatisierte verstecken ihre Angst hinter Sarkasmus und Ironie. Eine Fassade aufgesetzter Fröhlichkeit verdeckt ihre unterschwellig vorhandene Negativität. Sie sind ständig auf der Hut, aus Angst, vereinnahmt zu werden, jeden Moment ein Unheil erwartend. Sie sind Katastrophenbeschwörer, weil ihr Angstprogramm ständig im Hintergrund läuft, wie ein Virenabwehrprogramm des Computers. Nähe wird als gefährlich erlebt, Gefühle sind immer ambivalent. Um nicht erneut an der durch das Trauma gerissene Wunde zu rühren, wird versucht, sich nicht festzulegen, nicht angreifbar zu sein und die Welt so zu einem halbwegs sicheren Ort zu machen. Teile von ihnen sind abgespalten, was sich in innerer Unruhe und Fluchttendenzen ausdrückt. Was bleibt einem solchen Menschen anderes übrig, als sich unverbindlich zu geben, zu lächeln und zu hoffen, jede annähernd gefährlich aussehende Situation einigermaßen zu überstehen?

Nur die dünne Tür der Verdrängung schützt sein Bewusstsein vor der unerträglichen Stresssituation, die er wie einen aktiven Vulkan in sich trägt. Seinem Körper fehlt die Zeiterfahrung, die nur sein Gehirn kennt. Die Vergangenheit wird, sobald die Tür zum Unbewussten aufgestoßen wird, seinen Körper erreichen, daher darf in die Therapie seine Erinnerung nur vorsichtig und wohldosiert integriert werden.

Die Erfahrung der abgespaltenen Grundenergie liegt zwar, in kleine Päckchen verpackt, hinter der Tür des Vergessenen und Verdrängten. Sie wird aber durch ähnlich aufregende Ereignisse von außen, besonders durch Bilder und Gerüche, im Laufe seines Lebens immer wieder zum Schwingen gebracht. Der Überlastungsschutz seines Systems hat zwar die Sicherung herausspringen lassen und das Erlebte abgespalten. Dennoch lebt der solcherart Traumatisierte in permanenter Erregung und Anspannung. Zwar versucht das Nervensystem, ihn über eine ausgeklügelte Überlebensstrategie vor weiteren solchen Implosionen zu schützen, aber das dauerhafte Vermeiden führt im späteren Leben oft zu paradoxen Reaktionen und Handlungen. Sein Verhalten ist für den Betroffenen selbst meist erschreckend unverständlich und schädigt sein sowieso schon angeknackstes Selbstwertbild weiter.

Michael Jackson

Michael Jackson, das ängstliche, verwirrte Kind, das durch die Schläge seines Vaters im Zeitrahmen seiner Kindertage stecken geblieben ist und diesen verlorenen Teil am liebsten über alle Kinder dieser Welt heilen will, ist dafür ein gutes Beispiel. Zerrissen zwischen der Sehnsucht nach Heilung und der Angst, sich seinem eigenen Drama auszusetzen, handelte er für die meisten Menschen oft paradox und unverständlich. Seine Suche nach der eigenen verlorenen Kindheit hatte er auf die zärtliche Begegnung mit Kindern verlegt, über die er sich selbst Geborgenheit und Fürsorge geben wollte. Er setzte viel daran, eigene Kinder zu haben. Seine unschuldige Unbedarftheit führte einmal in Berlin dazu, dass er sein Baby voll Besitzerstolz bei einem Pressetermin wie eine Puppe aus dem Fenster hängen ließ. Das, was ihm das Wichtigste im Leben schien, brachte er in Gefahr! Allen anwesenden Journalisten entlockte es bei diesem Anblick einen Schrei des Entsetzens. Er selbst schien keinen Zugang zu seinem elterlichen, beschützenden Teil zu haben. Seine große Naivität war herzergreifend, führte aber oft in der Öffentlichkeit zu Missverständnissen, weil kaum ein Erwachsener diese Diskrepanz zwischen kindlicher Scheu und sexuellen Bewegungen auf der Bühne zusammen bekam. Sein innere Isolation konnte er nur im musikalischen Ausdruck überwinden. Sein weltberühmter, kieksender Singstil erinnert an ein überschäumendes Lachen genauso wie an ein tieftrauriges Schluchzen. Die Intensität seiner Sehnsucht nach einer besseren Welt vertonte er in dem Titel „Heal the world", und „Looking at my childhood" wurde zum Ausdruck seiner inneren Fragilität und Sehnsucht nach dem verlorenen Paradies.

Kurzfristig glaubte er, in seiner Arbeit Erfüllung zu finden. Auf dem Höhepunkt seines künstlerischen Schaffens wurde er mit seinen inneren Gegensätzen konfrontiert, einem zombihaften Freakanteil, den er dann in seinem ersten großen Musikvideo erschreckend darstellt und fortan von vielen Menschen nur auf diesen verrückten Teil reduziert wird. Seine Traumatisierung zeigt sich mit zunehmenden Alter stärker, so dass er mir wie ein wandelndes schwarzes Loch aus dem Universum vorkommt: ein verglühter großer Stern, der auf der Suche nach Erlösung alle Energien anzieht. Ein schwarzes, energetisches Loch mit großer Anziehung, das die umgebende Materie ansaugt. Vielleicht vergrößerte der Besitz seiner Neverland Ranch nur seine innere Leere und wurde so zum Niemandsland des Peter Pan für ihn. Und so wundert es denn auch nicht, dass Peter Pan oft als Synonym für Michael Jackson gebraucht wurde. Zurück blieb das, was er für die Welt immer war: ein Phänomen, musikalisch hochbegabt, doch irgendwie nicht von dieser Welt.

Die Arbeit mit den „Löchern"

*I*ch kenne für diese Verwundung der kindlichen Persönlichkeit die wunderbare Trancearbeit mit den Löchern, von der ich Dir unbedingt erzählen muss.

Diese Trancearbeit ermöglicht dem Klienten, Einblick in das eigene innere Bilderleben und damit Kenntnis über den eigenen inneren Mangel zu erhalten. In der Trance unterstützt der Therapeut den Klienten mit eigenen Ressourcen und Hilfsmitteln, das Loch so weit wie möglich zu erkunden. Durch dieses innere Erleben, getragen von einer selbstwertunterstützenden Beziehung zu dem Begleiter oder Therapeuten, wird durch ein weiches, langsames Sprechtempo – eventuell noch unterstützt von entspannender Musik – der Klient auf einer tieferen Ebene zu einer Lösung geführt. Durch die Verknüpfung von körperlich nachvollziehbaren Wahrheiten und der Unterstützung des Therapeuten werden Hilfsmittel, wie eine Taschenlampe oder eine Leiter oder ein vertrauenswürdiger Helfer, als Ressource eingebracht, so dass der Klient sich durch diese vertrauensvolle Unterstützung bereit erklären kann, sich den ungewohnten

*Anforderungen auszusetzen. Der Klient traut sich, sich neu zu ori-
entieren und ermöglicht sich so eine Veränderung seiner Erfahrens-
muster. Er erlebt das Bild des Mangels als Loch und sieht, fühlt und
erfährt, wie sich das Loch von innen heraus mit der eigenen Essenz
zu füllen beginnt. Dieses Erlebnis entsteht aus einer aktiv sinnlichen
Erfahrung und bewirkt eine Veränderung in der synaptischen Über-
tragungsbereitschaft, daraus folgt die Auslösung intensiver Gefühle
des Glücks, die eine positive Neucodierung des limbischen Systems
bedeuten. Ein erneuter Zugang zur eigenen Kraftquelle des Urver-
trauens wird manifestiert.*

*Bevor dieser Heilungsprozess sich vollzieht, ist es für den Trau-
matisierten genauso schwer, sich selbst zu erfassen und mit seinen
traumatisierten, plötzlich wechselnden Reaktionen klarzukommen,
wie es für sein Umfeld ist.*

Wie das so ist, wenn ich mich mit traumatisierten Menschen
befasse, habe ich gestern ganz zufällig in den alten Film „Denn sie
wissen nicht, was sie tun" mit James Dean reingezappt. Mich hat die
Darstellung des sensiblen, traumatisierten James Dean so berührt,
dass ich Dir morgen von seiner tragischen Leidensgeschichte erzählen möchte.

Fühl Dich umarmt

Anita

James Dean, das paradoxe Idol

L iebe Oma Berta,
zu Deiner Zeit gab es Schauspieler wie Willi Fritsch und Johannes Hesters (den es übrigens erstaunlicherweise heute noch gibt). Aber in meiner Jugend war ich von James Dean begeistert, seine Intensität und die Verzweiflung, die er verkörperte, beeindruckten mich tief. Sein Draufgängertum, aus seiner ganz speziellen Traumatisierung herrührend, und seine Dünnhäutigkeit schienen gleichzeitig vorhanden zu sein. Eine Mischung ebenso erstaunlich wie paradox. Es scheint fast so, als ob James Dean unbewusst mit dem Tod kokettierte. Sein Leben scheint von dem Drang beherrscht gewesen zu sein, bis an die Grenze zu gehen, körperlich wie psychisch, oft auch lebensgefährlich. Immer auf der Suche nach dem Rausch, der gleichzeitig Kick und Todesstoß sein kann.

Dieser besondere Schauspieler wurde am 8. Februar 1931 in Marion im US-Bundesstaat Indiana als James Byron Dean geboren. Sein Sternzeichen war Wassermann mit dem Mond im Skorpion – eine Konstellation, die ihn mit einer immer latenten Todessehnsucht umwehte.

James Dean wuchs in bescheidenen Verhältnissen auf. Nach einigen Jahren erkrankte seine Mutter an Darmkrebs, sie starb am 14. Juli 1940 im Alter von 29 Jahren. James Dean war zu diesem Zeitpunkt neun Jahre alt. Sein Umfeld empfand ihn als äußerlich gefasst, sie erkannten den erstarrten Körperausdruck des Traumas nicht. Später wurde berichtet, dass er den Tod der Mutter nie ganz überwunden hat, und es wurde von einem ungewöhnlich engen Verhältnis zwischen den beiden gesprochen. James Dean hat aber sein Leben lang um die Anerkennung seines Vater gebuhlt, daher war ihm die Rolle in „Jenseits von Eden", wo er vom Vater abgelehnt wird, auf den Leib geschrieben und wie aus der Seele gesprochen.

Was mich sehr erschreckt hat, war, als ich las, dass er den Sarg seiner Mutter am 16. Juli 1940 mit dem Zug nach Indiana überführte. Er, als Neunjähriger!, wurde nur von seinem Kindermädchen begleitet, während seine Großmutter und Tante mit dem Bus nach Indiana zurückkehrten. Welch bizarre Vorstellung, den Jungen mit seiner toten Mutter und ohne Rückhalt eines erwachsenen Verwandten auf diese Reise zu schicken! Was mit dem Tod seiner Mutter für ihn zerbrach oder ob er schon früher traumatisiert wurde, können wir nur vermuten.

Später wuchs er bei seiner Tante und seinem Onkel auf. Er besuchte die High School und trat regelmäßig bei Stücken des Schultheaters auf. Schnell fand er hier seine Berufung. In Hauptrollen erwarb er sich erstes Selbstvertrauen.

Mit 18 Jahren reiste er zurück nach Kalifornien. Mit „Jenseits von Eden" erhielt Dean 1955 seinen ersten großen Hollywood-Vertrag und feierte seinen internationalen Durchbruch als Charakterdarsteller. Die Rolle des Cal Trask zeigt sein verzweifeltes, fragmentiertes Inneres. Es ist herzzerreißend, mit anzusehen, wie er tiefes Misstrauen und grundlegende Skepsis gegenüber der Welt und Verzweiflung ausdrückte. Er hält oft den Kopf schief und seine Augen sind verträumt, als ob er ausgestiegen wäre.

Er wirkt in allen Filmen deshalb so authentisch, weil seine Rollen seine innere Realität widerspiegeln. In jeder Rolle vermittelt er uns, dass er sowohl mental als auch emotional immer am Abgrund steht.

Mit seinen ersten großen Gagen konnte er nun seiner zweiten Leidenschaft, dem Rennsport frönen. Regelmäßig beteiligte er sich erfolgreich an Autorennen. Er war ein Adrenalinjunkie. Er suchte fast zwanghaft diese Rauscherlebnisse, die seinen Körper mit Adrenalin überfluteten, die auf der Grenze des Schocks paradoxerweise Glückshormone freisetzen. Für einen Menschen mit dieser Körpererfahrung ist das Leben immer wie Bungee-Jumping. Sie erleben Gefahr und Glücksgefühl als ein und dasselbe Körpergefühl, nämlich erregend. Seine innere Paradoxie wird deutlich in einer Bildreportage, mit der ihn die Zeitschrift „Life" als aufsteigenden Stern am Filmhimmel vorstellen wollte (die Reportage wurde nie veröffentlicht): Er zeigte deutlich seine Vorliebe für das Morbide. Nicht nur, dass er ungewaschen und unrasiert zum Fototermin erschien, er ging mit dem Fotografen in seinem Geburtsort auch in ein Beerdigungsinstitut und legte sich in einen Sarg. Unbewusst stellte er so sein inneres

Bild der toten Mutter nach. In seinem Umfeld gab es wohl keinen, der sein verhängnisvolles Spiel mit dem Tod durchschaut hätte.

Während der Dreharbeiten zu seinen beiden letzten Filmen war er in Ursula Andress verliebt. Sie erinnert sich gut an den 30. September 1955, den Tag, an dem Dean verunglückte: „Morgens um sieben Uhr holte er mich zu Hause ab. Jimmy sagte: ‚Komm, wir fahren zusammen Richtung San Francisco.'" In diesem Moment sei John Derek, ihr späterer Ehemann, dazu gekommen. „James sah John und wusste in diesem Moment, dass ich John Derek liebte. Er sagte ‚Okay, John, let's take a drive' und raste mit John durchs Wohnviertel, um ein Gespräch unter Männern zu führen. Als er zurückkam, sagte er zu mir: ‚Ich weiß, dass Du nicht mit mir kommst.' Und dann ging er weg." Er hatte wieder einmal in der Liebe verloren.

Ein paar Stunden später befand sich James Dean in der Abenddämmerung gemeinsam mit seinem Mechaniker Rolf Wütherich auf einem Highway nördlich von Los Angeles. In der Nähe von Cholame geschah der Unfall. Wie groß seine Verzweiflung und Todessehnsucht war, wissen wir nicht. Wir können nur vermuten, wie verzweifelt er gewesen sein muss, nachdem ihm bewusst wurde, dass er die Liebe von Ursula Andress verloren hatte. Ob er des Lebens müde war und sich den Tod gewünscht hat, werden wir nie erfahren. Tatsache ist, dass er an diesem Tag, an dem er wieder einen großen Herzensschmerz erlitten hatte, starb.

Bereits zum Star avanciert entstanden noch in seinem Todesjahr 1955 die Filme „... denn sie wissen nicht was sie tun" und „Giganten". Beide Filme prägten – auch durch seinen frühen Tod – sein Bild in der Öffentlichkeit nachhaltig: Er wurde zum Prototypen des verletzbaren Außenseiters und zum Inbegriff der ungezähmten, rebellischen Jugend, die sich von der Erwachsenenwelt unverstanden fühlt und die bestehenden sozialen Regeln und Werte bekämpft.

James Dean als Idol der Unverstandenen birgt für mich immer noch die Faszination, die von einem zerrissenen, unglücklichen Menschen ausgeht, der sich wütend und traurig gegen sein Schicksal stemmt. Er lebt für uns den Teil des unschuldigen, verletzten, verzweifelten Kindes, das das Schicksal als schreckerfüllt und unerbittlich erfährt. Aus diesen Gründen, und weil wir selbst oft so einen schreckerfüllten Schicksalsteil in uns haben, ist seine Geschichte unvergessen. James Dean als Ikone: Im Tod als ultimative Distanz, aber auch als ultimatives Denkmal gipfelt hier das unerlöste, traumatisierte Phantom und die daraus resultierende Unverbindlichkeit. So bleibt Dean für immer unberührbar, für immer einsam und doch für immer präsent.

Eine tragische Geschichte, die mein Herz rührt und mir zeigt, wie wir alle unser Päckchen zu tragen haben. Angesichts so eines großen Schicksals, fühlt sich mein Schicksalspäckchen gleich viel leichter an.

Ich umarme Dich,

Anita

Der Helfer als Partner

*L*iebe Oma Berta,
nach dem kleinen Ausflug in das Leben meines früheren Idols James Dean fiel mir auf, dass mich verletzte Seelen schon immer besonders angezogen haben. Irgendwie geht von ihnen ein schwer zu erklärender Zauber aus, auf geheimnisvolle Weise werde ich immer in ihren Bann gezogen. Vielleicht ist das aber auch nur das Wesen der Welt. Ich finde jedenfalls, dass das Prinzip „Gegensätze ziehen sich an" eine geradezu genial einfache Lösung des göttlichen Systems des Yin-Yang-Ausgleichs ist.

An einem schönen Spätsommerabend brachten Annapurna, mit der ich unsere Therapeutenschule führe, einmal folgende Worte zu Papier, die die Paarbeziehung auf den Punkt bringt:

„Beziehungen sind wie Milch, die einen köcheln sie nur auf kleiner Flamme und das Nährende brennt über die Zeit ein, bei den anderen

kocht es gleich über. Andere strampeln sich in einer Beziehung so ab, dass sie fest wie Butter wird, bei manchen steht die Milch herum und wird sauer, aber wenn beide sich gegenseitig respektieren, wird der gemeinsame Topf der Milch nie leer."

Stell Dir einen Menschen vor, dessen Lebensenergie überschießt und der gänzlich positiv gestimmt ist. Seine Helferseite kann auf einen stark traumatisierten Menschen, dessen Lebensenergie blockiert ist, sehr anziehend wirken – und umgekehrt natürlich genauso. Wie hast Du immer gesagt: Jeder Topf findet schon sein Deckelchen? Nun, das System des Yin-Yang-Ausgleichs ist nichts anderes: Der lebensfrohe Partner sieht sich unbewusst als Topf, während der traumatisierte Partner sozusagen der Deckel ist, damit die quirlige Lebendigkeit nicht überschießt. Wenn die beiden sich gefunden haben, beginnt die Tragikomödie gelebter Beziehungen.

Du fragst Dich sicher, wie sich jemand eigentlich als Topf verstehen kann. Das Naturgesetz des Überlebens sorgt dafür, jeden Mangel zu vermeiden. Dank ihm haben wir Notprogramme entwickelt, die es uns möglich machen, in Stresssituationen zu reagieren. Meist mit dem Ziel, dass wir es schaffen, das zu bekommen, was wir wollen oder brauchen, oder dass wir es schaffen, einen halbwegs kühlen Kopf zu bewahren. Tritt zum Beispiel eine als lebensbedrohlich empfundene Stresssituation schon vor der Geburt ein, reagiert das Ungeborene nicht anders als wir auch: Sein Herz schlägt schneller und darüber pumpt es sehr viel Sauerstoff in die Plazenta. Es verströmt also seine eigene Lebensenergie. Vorgeburtlich an die Plazenta, später dann an seine erste Bezugsperson, seine Mutter. Seinen Zellen ist seit diesem Zeitpunkt eingeschrieben: Ich muss erst geben, um zu bekommen – die Voraussetzung, um sich später als Macher, als Nährender, als Topf zu sehen. In besonders ausgeprägten Fällen wird es sich in seinem späteren Leben innerlich aufgerufen fühlen, Helfer oder Geber zu sein. Denn nur das Geben hat sein Überleben gesichert. Letztendlich legt sich so ein Filter des Mangels über seine Wahrnehmung: Alles und jeder erscheit ihm hilfsbedürftig. Ist das der Fall, dann kann Helfen auch zur Sucht werden: Man braucht es, gebraucht zu werden. Und findet der Erwachsene im Helfen die erhoffte Befriedigung nicht, wird er im Extremfall immer wieder hinter Hilfsbedürftigen her sein. Die Befriedigung stellt sich nicht ein, da das Helfen eine Abwehrstrategie ist, um nicht mit der eigenen Bedürftigkeit konfrontiert zu werden.

Aber diese Überlebensstrategie des Körpers suggeriert auch, dass man sich durch eigene (Herz-)Leistung das Leben verdienen muss. Schon bei der Geburt wird das Kind sich nicht mehr darauf verlassen, dass „einem im Leben etwas geschenkt wird". Sich beschenken zu lassen kann für solcherart Traumatisierte verkehrt und gefährlich erscheinen. Das macht Partnerschaften dann auch etwas schwierig, denn als Erwachsener suchen sie immer eine Symbiose, die auf Geben und Helfen aufgebaut ist – weil die „Urerfahrung" von Beziehung eher einseitig war: „Ich rette mich und meine Mutter, in dem ich mein Herzblut gebe."

Doch trotz des Herzbluts scheitern sie daran, sich die Sehnsucht nach einer Herzensverbindung zu erfüllen. Denn die zugrunde liegenden Gefühle des Gebers sind mit Überheblichkeit gekoppelt: „Keiner kann so viel und so gut geben wie ich!" Es ist ein unbewusstes, zwanghaftes Geben und kein großzügiges, aus freier Entscheidung, und entwürdigt meist den, dem er gibt. Es hinterlässt einen fahlen Geschmack. Als Gebender fühlt sich dieser Mensch dann edel und gut. Der Beschenkte fühlt sich aber beschämt und kann das Geschenkte nicht würdigen. Was den Gebenden und Helfer leicht zu einem rächenden Engel werden lassen kann. Wer in der Helferrolle fixiert ist, übernimmt in einer Partnerschaft leicht die Mutter- oder Vaterrolle, weil er nie die Erfahrung einer ebenbürtigen Partnerschaft gemacht hat.

Was habe ich daraus gelernt? Ich habe mich im Zimmer der Erkenntnis gefragt, warum ich lange nur anderen und nicht mir selbst helfen konnte. Meine Antwort? Mein vorgeburtliches Trauma hat mich eher zu einem verwirrten Helfer werden lassen. Ich habe mich selbst kaum gefühlt und konnte mir nur über den Umweg über andere etwas Gutes tun. Um diesem Muster zu entkommen, war mein erster Schritt, meine Helferstruktur als Abwehr- oder Überlebensmechanismus anzuerkennen. Aber ein Geben aus der eigenen, unerkannten, inneren Not heraus entspricht nicht dem von der Natur gewolltem Teilen aus Fülle. Mein nächster Schritt war, die Selbstaufopferung und Fixierung auf das Helfen dahingehend zu untersuchen, ob ich mein eigenes Leben nur dann als erfüllt ansah, wenn ich anderen half, und dadurch letztendlich mein eigenes Leben sogar ein Stück verneinte. Ich erkannte, dass mit dieser Strategie auf lange Sicht weder mir noch dem anderen wirklich geholfen ist.

Ich merkte aber auch, dass Helfer zu sein keine unheilbare Krankheit ist, sondern nur eine Strategie von vielen, die ich bewusst ändern konnte: Ich als Topf darf jetzt mein eigener Inhalt sein. Ein wichtiger Schritt war, meine eigenen Bedürfnisse bewusst anzuerkennen. Meine Liebe und Herzensenergie in den eigenen Topf fließen zu lassen, hat ihn in Windeseile mit gesunder Selbstliebe gefüllt. Mein erlöster Helferteil kann seither unterscheiden, wann andere wirklich Hilfe brauchen. Ich kann mich aber jetzt auch zurückhalten. Als erlöster Helfer weiß ich, dass jeder Mensch seinen eigenen Schatz in sich trägt, um sich selbst zu erfüllen.

In dem Topfgefühl kenne ich mich richtig gut aus, aber nur, wenn Geben und Nehmen im Einklang sind. Ich hoffe, Du hast auch einiges mitnehmen können. Ich bin sicher, Du kennst auch so einen Helferteil an Dir.

Als gefüllter Topf,

Deine Anita

Seelische Unberührbarkeit

L iebe Oma Berta,
heute bin ich im ersten Stock im südlichen Erkenntniszimmer ganz in Gedanken versunken, und zwar über die seelische Unberührbarkeit von Frauen und Männern. Dabei fiel mir wieder ein, dass ich in Indien den Begriff der Unberührbaren gehört habe. Ich frage mich, inwieweit diese Einordnung auf eine seelische Unberührbarkeit dieser Menschen zurückgeführt wurde und ob die Unberührbarkeit vielleicht in Indien wie hier mit seelischen Verletzungen der frühen Kindheit zu tun hat. Ich habe in Dokumentarfilmen über die unteren Bevölkerungsschichten Indiens gesehen, wie brutal Erwachsene mit auf der Straße lebenden Kindern umgehen. Missbrauch scheint an der Tagesordnung zu sein. Auch in der westlichen Welt gibt es mehr traumatisierte, missbrauchte Kinder, als ich noch vor Jahren geglaubt habe. Kinder, auf deren Seele eine dicke Hornhaut wächst.

Was macht traumatisierte Menschen für eine Partnerwahl überhaupt anziehend? Ich glaube, bei der Partnerwahl wählt die Seele die für sie größte Möglichkeit, im Leben zu reifen: die Extreme zu erkennen und dadurch den Weg zur Mitte zu finden, einen Ausgleich wie im Yin- und Yang-Zeichen herzustellen. Dazu eignet sich eine Beziehung zwischen einem lebensbejahenden und einem lebensverneinenden Menschen eindeutig. Du kennst ja das Märchen vom Hasen und Igel: Der naive, gutgläubige Hase rennt, bis ihm die Zunge heraushängt, während sich der Igel in der Ackerfurche duckt und nur so tut, als ob er sich auf einen Wettlauf einlässt. Eine perfekte Täuschung. Genauso lernt ein Traumatisierter, sich zu verstecken, zu tarnen, um sein Leben möglichst überschaubar und risikoarm zu gestalten. Wie der Igel versucht er, mit möglichst wenig Einsatz doch das zu bekommen, was er sonst nie erreichen könnte.

Werner, der wandelnde Widerstand

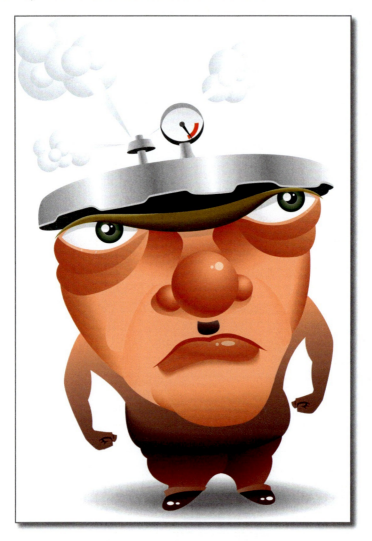

Wie ich so an die igeligen Hornhautschichten denke, die manchmal über einer Menschenseele liegen, kommt mir Werner in den Sinn.
Du weißt schon, der von Tante Olga, der wandelnde Widerstand.

Du hattest ja auch so Deine Erfahrungen mit der besitzergreifenden Olga. Ich habe sie als vordergründig freundlich und hilfsbereit in Erinnerung. Aber irgendwie beschlich mich auch immer das Gefühl, sie würde wie ein kleiner General ihre Kinder versorgen. Als Kind fühlte ich deutlich ihre Freude, endlich einmal etwas Eigenes durch ihre Kinder formen zu können. Als Mutter genoss sie es, über alle vitalen Funktionen ihrer Kinder Macht zu haben oder zumindest einen Machtanspruch geltend machen zu können. Materielle Werte hatten einen hohen Stellenwert, und immer ging es ihr in erster Linie darum, was die Leute sagen. Ich beobachtete, wie ihr ganzes Verhalten darauf ausgerichtet war, ihr Ansehen zu erhöhen und sich in ihrem Umfeld so möglichst Vorteile zu verschaffen. Natürlich weiß ich heute, dass auch ihre Individualität in ihrer Kindheit unterdrückt wurde. Und so ist es eigentlich nicht weiter verwunderlich, dass sie sich endlich über ihre Kinder eine Lebensidentität verschaffen wollte.

Ihre vorrangige Lebensaufgabe sah sie darin, vorzeigbare, gut genährte Sprösslinge zu haben. Diesem Ziel unterwarf sie alles. Sie versuchte, besonders Elvira so zu trainieren, dass sie in der Gesellschaft nur angenehm auffallen würde, was ihr aber gründlich misslang. Elvira ruinierte das angestrebte, familiäre Ansehen, indem sie Tante Olga häufig bestahl.

Und bei Werner, ihrem Sohn, waren die Folgen ihrer Erziehungsversuche noch fataler. Zwar waren beide folgsam, ordentlich und sauber, was fast immer über das Geben und Nehmen von Essen erzwungen wurde. Aber vor allem Werner war richtig tief getroffen von den verwirrenden Doppelbotschaften seines ersten weiblichen Kontaktes. Er konnte sich aus dieser ambivalenten Mutterbeziehung sein Leben lang nicht lösen und wiederholte dieses ambivalente Beziehungsmuster mit allen Frauen.

Er erlebt seine Mutter als die, die bestimmt, wann er Hunger zu haben hat, wann er auf den Topf darf, wann er genug gegessen hat und wann er in ihrem Busen versenkt wurde und halb erstickte. Olga bestimmte, wann er ruhig sein sollte. Wann er kleine Kunststücke vorführen durfte und danach mit Süßigkeiten belohnt wurde.

Nach Jahren dieses Trainings war Werner sich selbst fremd geworden. Er war fest davon überzeugt, dass er Geborgenheit nur bekommen würde, wenn er dafür seine Freiheit opfert. Etwas Süßes zu bekommen oder mit Essen belohnt zu werden setzte voraus, seine Gefühle zu unterdrücken. Das verwirrte ihn zunehmend. Leiden wurde seine Leidenschaft. Irgendwie fühlte er sich für seinen Selbstausdruck bestraft und für den ihm fremden, antrainierten Ausdruck seines Wesens belohnt. Die innere Entfremdung verstärkte sich. Er verwechselte Versorgtsein und Freundlichkeit mit Liebe

Ich nehme an, dass Olga ihr eigenes Wesen nur über dieses allumfassende Machtgefühl spürte. Daher verfolgte sie unbeirrt ihr „Wir sind brave, ehrliche Leute"-Programm auf Kosten der Persönlichkeitsentwicklung ihrer Kinder, besonders Werners. Erdreistete er sich, offen Widerstand zu leisten, wurde er quasi bedroht. Vernichtende Sprüche wie: „Du bringst mich noch ins Grab" oder „Wenn du nicht brav bist, kommst du nicht in den Himmel" oder „Wenn du nicht brav bist, holt dich der schwarze Mann!" waren schnell zur Hand und brachen den Widerstand nachhaltig. Kein Kind kann sich gegen solchen Druck wehren, es wird willfährig und fängt an, sich seiner Vorwitzigkeit zu schämen. Die Mutter wird sowohl als Quelle der Nahrung, aber auch als Quelle der Vernichtung erlebt. Wer kann denn da noch eine gute Kind-Mutter-Beziehung aufbauen? Lieber eine dicke Haut anlegen und hin und wieder mal heimlich die Stachel ausfahren und brav lächeln.

Heute weiß ich, dass Olga letztendlich ein zwar machtvolles, aber unsicheres Kind gewesen sein muss, das sich im Leben keine wirkliche Autorität aneignen konnte. Ihr eigenes Bedürfnis nach Nähe und Kontrolle befriedigte sie, indem sie ihre Kinder und vor allem Werner dominierte.

Es gibt leider keinen Elternführerschein, der gewährleistet, dass Eltern sich ihrer eigenen seelischen Wunden bewusst sind, wenn sie Kinder bekommen. Lässt ihr Kind die eigene Bedürftigkeit erkennen, wird parallel dazu auch immer die Bedürftigkeit der Eltern berührt. Olga hat das Wohlverhalten ihrer Kinder oft mit Schmeicheleien und Drohungen erzwungen und hat beide so zu vordergründig funktionierenden Individuen gemacht – und gleichzeitig eine latent trotzige und passiv abwehrende Haltung bei beiden Kindern hervorgerufen. Werner zeigte sich unterwürfig und anspruchslos, seine negativen Gefühle und seinen Hass auf alles, was er als Einengung ansah, konnte er nur selten äußern. In seinem heimlichen, generalisierten Widerstand beschuldigte er die Reichen, die Politiker und irgendwie die ganze Welt dafür, dass er sich vom Leben bestraft und betrogen fühlte. Sein unterschwelliger Neid, seine unterdrückten Aggressionen ließen ihn gleichsam zu einer Tretmine werden: Untergründig sticheln und warten, bis der andere ausflippt. Um dann ganz verwundert zu fragen, wieso man jetzt so explodiert sei. Werner war perfekt in seiner Rolle als vermeintlicher Friedensheld.

Aber Du denkst doch jetzt nicht, nur die Dickerchen wie Werner wären schlaue Widerständler? Dann hast Du noch nichts davon gehört, wie eloquente, schlanke Widerständler ihren inneren Widerstand als Kunstform zelebrieren. Hier die amüsanten Selbstboykottgeschichten eines intellektuellen Mischtypen.

Amüsanter Eigenboykott

Ein junger, begabter Mann, der die wunderbare Gabe der Eigenreflektion besitzt, erwischte sich immer wieder dabei, dass er sich über das Wochenende einen Film auf DVD auslieh und ihn am Montag ungesehen zurückgab. Er ließ mich an seinem für Außenstehende amüsanten Boykott teilhaben:

„In dem Moment, in dem mir einfällt, dass ich ja gezwungen wäre, mir den Film am Wochenende anzuschauen, verweigert sich etwas in mir, und ich argumentiere innerlich, dass ich mir doch nicht vorschreiben ließe, wann ich einen ausgeliehenen Film anschauen würde, und bringe ihn ungesehen wieder zurück."

Ist das nicht ein herrliches Beispiel für inneren Widerstand gegen alles, was nur ansatzweise eine Eingrenzung von außen zu sein scheint? Gepaart mit dem unbewussten Impuls, sich heimlich gegen diese Einschränkungen von außen wehren zu müssen. Sich einer boykottierenden Handlung bewusst zu werden und sie zu erkennen, ist der erste Schritt zur Lösung. Der zweite ist, seinen Fokus darauf zu richten, wer in der Vergangenheit als Bezugsperson die Integrität dieses Menschen gestört hat, die inneren Grenzen durch Schmeicheln oder Drohen verletzt hat, so dass offener Boykott nie möglich war.

Die obige Geschichte geht übrigens noch weiter:

„Jetzt leihe ich mir manchmal sogar mehr als eine DVD zum Ignorieren aus, um noch mehr Freiheiten zur Auswahl zu haben. Die perfekte Lösung habe ich aber bei einem Online-Verleih gefunden, der mir gegen eine Monatspauschale eine feste Anzahl DVDs für unbegrenzte Zeit zur Verfügung stellt. Erst wenn ich eine davon gesehen und retourniert habe, erhalte ich die nächste, so dass ich immer die gleiche Anzahl DVDs zu Hause habe, unabhängig davon, wie viele Filme ich wie bald sehe. Man könnte sagen, dass dieser Verleih auf die Zielgruppe des modernen, unverbindlichen Menschen (also mich) auf bestmögliche Weise reagiert, indem er einen absolut unverbindlichen Leihmodus eingerichtet hat."

In gewisser Weise ist dieser junge Mann ein Paradebeispiel dafür, wie man sein Leben unverbindlich einrichtet:

Meine unverbindliche Essensbestellung:

„Manchmal lasse ich mir Essen liefern. Ich habe auch Lieblingsgerichte, die ich immer wieder nehme, egal ob vom Thai, vom Inder, vom Italiener oder vom Schnitzelmann. Aber eines mache ich immer: Ich bestelle mir zwei Gerichte, damit ich beim Essen die Auswahl habe. Natürlich entscheide ich mich auch dann nicht, sondern esse abwechselnd von beiden."

Meine unverbindliche Gesundheit:

„,Wie geht es Ihnen heute?' fragte mich Frau Weidenbach bei meiner Ankunft. Eigentlich fragte sie mich nicht, aber auf dem Hinweg habe ich mir schon mal eine unverbindliche Antwort vorbereitet. Falls sie mich fragen würde, wüsste ich schon, was ich sagen würde, ohne mich wirklich ernsthaft auf diese Frage einzulassen. Wie ging es mir denn eigentlich? Nun ja, ein wenig unwohl und klamm, wie immer, wenn ich unter Leute muss und persönlichen Kontakt pflegen; aber das ist weniger eine Frage des tatsächlichen Befindens als der inneren Anspannung und gehört also hier nicht her. Aber es geht mir auch ein wenig euphorisch, wie immer, wenn ich vor einer Aufgabe stehe, nach deren Beendigung ich wieder meine Ruhe habe. Aber auch das geht ja niemanden etwas an.

Also eigentlich geht es mir wie jedem anderen Menschen. Ich habe ein wenig Schnupfen. Aber das hat ja jeder im Moment. Ich gehöre also zu den Kranken. Aber ich gehöre auch NICHT zu den Kranken, weil ich genauso sehr zu den Gesunden gehöre.

Selbst bei einer alltäglichen Frage halte ich eine prima Balance der Unverbindlichkeit in alle Richtungen. Ich bin krank genug, um Mitleid zu erregen, und gesund genug, um damit hausieren zu gehen. Ich bin gerade so krank, dass ich mich von den Gesunden distanzieren kann; und gerade so gesund, um mich hinreichend von den ganzen kränkelnden Jammerlappen zu distanzieren.

All das ging mir durch den Kopf, und dabei fragte mich Frau Weidenbach gar nicht, wie es mir geht. Ich erzählte es ihr trotzdem.

Anmerkung: Ich wusste nicht, wie übel es um mich bestellt ist, aber ich wusste auch nicht, wie nah ich bereits der Erlösung bin."

Bekannt für seinen unerschütterlichen Humor als Kabarettist ließ mich Matthias Mayer in beratender Funktion während der gemeinsamen Durchsicht meines Rohskriptes an seinen unverbindlichen Einsichten teilhaben.

Ich sehe Dich schon breit lächeln, diese Geschichten sind bestimmt ganz nach dem Geschmack der Schelmin in Dir.

Mit einem Augenzwinkern,

Anita

Wenn ein Bindungsgeschädigter erwachsen ist

L iebe Oma Berta,
die vorangegangene, humorvolle Selbstbetrachtung – gewürzt mit Ironie – schenkte mir ein schlanker, hoch gewachsener Widerständler. Eine echte Seltenheit, meist kenne ich unverbindliche Widerständler, die eher tonnenförmig sind. Jeder wehrt sich auf seine Art gegen die oftmals gehasste und dennoch auch eingeforderte Überfürsorglichkeit beim weiblichen Geschlecht. Heimlich, still und leise findet der eine durch seinen Muskelpanzer und der andere durch schlagfertige Ironie eine Möglichkeit, alle Schotten dicht zu machen.

Besonders bei Männern fiel mir die klebrige Zwickmühle auf, in der sie zu sein scheinen. Sie hassen und lieben die Bindung zur Mutter gleichermaßen und wollen sie nicht verlieren. Die mütterliche Beschränkung ihres Selbstausdrucks hat den Widerstand heimlich jeder Zelle ihres Körpers aufgeprägt, der sich entweder in brillantem Witz oder in Muskel und Fett äußert. Da der Boykott unterschwellig gelebt wird, bleibt er auch lange unentdeckt. Selbst hinter dem offensichtlichen Drang, anderen zu helfen, oder hinter den Kaspereien des Klassenclowns können sich unverbindliche Widerständler verbergen.

Beispiele für zwanghaftes Helfen finde ich in meinen Aufzeichnungen immer wieder: Da ist selbst im Wartezimmer des Arztes der Handyhilferuf eines Freundes wichtiger als der eigene Körper, der kurz vor einem Kollaps steht. Und man kann sich damit weinerlich beweisen, dass man sich für andere aufopfert. Ein Teufelskreis: „Wenn ich wütend werde, werde ich gedemütigt; wenn ich nicht wütend werde und jammere, werde ich auch gedemütigt." Denn diese Haltung verstärkt die Panzerschicht so stark, dass Gefühle nur zeitverzögert ausgedrückt werden können. Beschämungen und Beschuldigungen und der aus ihnen resultierende Schmerz sollen um jeden Preis vermieden werden. Für sich selbst zu sorgen, kreativ und liebevoll, bringt keine Befriedigung.

Da fällt mir wieder Werner ein. Ich glaube, er wollte mit allem, was er tat, nur bestätigt bekommen, dass er liebenswert ist und dazugehört. Aber in seiner tapsigen und mitleiderregenden Art wusste er nicht, wie er sich positiv einbringen konnte. Er schien darüber traurig und wütend zu sein, und seine Augen baten lautlos um Hilfe. Nützlich zu sein war für ihn wahrscheinlich der einzige Ausweg, um sich einen Platz in der Gemeinschaft zu verdienen.

Aber mit Werners Pfadfinder-Mentalität „Jeden Tag eine gute Tat" habe ich meist ambivalente Erfahrungen gemacht. Werner hat sich immer angeboten, wenn ich mit einer Einkaufstüte kam, aber kaum hatte ich sie ihm übergeben, fiel ihm die Hälfte raus und war anschließend unbrauchbar. Ich sah in ihm immer einen verkannten, traurigen Clown, aber für sein ganzes Umfeld war er manchmal sehr anstrengend. Ich hatte immer das Gefühl, er suche Nähe, um sie mit seiner indirekten Art dann doch zu vermeiden. Ihm war nicht bewusst, dass er mit verantwortlich war. Wenn es nicht so lief, wie er sich es sich vorstellte, sagte er trotzig: „Dann halt nicht!"

Weißt Du noch, wie Werner mir freundlich die Leiter abnahm, um sie zu tragen, sich aber im nächsten Moment umdrehte und sie mir ins Gesicht schlug? Oder an die Geschichte mit der Halterung für die Winterreifen? Ich habe ihn zwei Mal darauf hingewiesen, dass drei Zentimeter neben der letzten Halterung die Elektroleitung für das Garagenlicht verläuft. War wahrscheinlich ein Hinweis zu viel, denn trotz genauem Ausmessen und meinem Hinweis verfehlte seine Bohrmaschine just den letzten Punkt um drei Zentimeter und traf genau die Stromleitung. Ich war mehr erschreckt als verärgert. Und Werner? Tief beleidigt, weil er sich wieder einmal missverstanden fühlte. Ihm ist nicht bewusst, dass eine innere Boykottierung die Situation herbeigeführt hat, und glaubt stattdessen, zu versuchen, es anderen recht zu machen. Macht man ihm Vorschriften, tut er genau das Gegenteil. Deshalb wird seine Hilfe immer mit einem kleinen Makel behaftet sein. Der anschließende Tadel bestätigt nur sein negatives Bild von der Welt.

Ich kenne kaum jemanden, der wie Werner lautlos brüllen kann. Wenn er in seiner sich selbst bestrafenden Stimmung ist, bemerkt jeder im Raum die schwere, energetische Wolke, die über ihm zu hängen scheint und alles verdunkelt. Alles an ihm drückt dann eine mühsam beherrschte, aggressive Spannung aus. Sein runder Körper mit dem kurzem Hals und der fehlenden Taille und der eingekniffene Po wirken wie eine kleine Bombe kurz vor der Explosion. Und im nächsten Moment kann er irritierend entwaffnend sein, einem mit unterwürfiger, weinerlicher Höflichkeit begegnen und emotionale Hilflosigkeit vortäuschen. Er versucht, mit vordergründiger Hilfsbereitschaft zu gefallen. Schmeichelt sich gekonnt mit Komplimenten oder naiv-charmant bei ihm fremden oder bekannten Frauen ein. Obwohl ich oft festgestellt habe, dass er von ihnen nicht ganz ernst genommen, sondern eher belächelt wird. Das macht ihn noch wütender, als er zuvor schon war, aber jetzt hat er das Recht, seine Wut zum Ausdruck zu bringen. Das macht er dann ausgiebig und klagt und jammert ordentlich. Mit diesem Trick versucht er, uns alle dazu zu bewegen, seine Wünsche zu erfüllen. Und er wird nie wirklich nachgeben, wenn es um die Erfüllung seiner Wünsche geht.

Tante Olga würde sich im Grab umdrehen, wenn sie sehen könnte, wie verzweifelt sich Werner heute bemüht, sein Gesicht als lieber, bemitleidenswerter Kerl nicht zu verlieren. Hinter der Maske des ewigen Lächelns verbergen sich tief in seinem Inneren negative Gefühle für diese Welt, wie Angst, Verachtung, Feindseligkeit und Überheblichkeit.

Ihn so zu betrachten und oft mit ihm zu reden, hat mich begreifen lassen, dass er das Leid liebt und es sogar lustvoll über körperlichen Schmerz in der Sexualität ausleben kann. Ich denke, er vermeidet den Schmerz der Seele, weil er so die Doppelbotschaft zwischen Leid und Lust in seinem Körper besser ertragen kann.

Weißt Du noch, wie er manchmal bei Familienfesten mitten unter fröhlichen Leute saß und vor sich hin brütete? Oder die Situationen, bei denen sich die halbe Familie um ihn scharrte und ihm mitfühlend Unterstützung und Hilfe anbot? Natürlich nur, um sich eine Abfuhr zu holen. Gute Gelegenheit für ihn, unbewusst, aber gekonnt jegliche Hilfe als untauglich zurückzuweisen und gleichzeitig den Eindruck zu erwecken, keiner versteht mich. Er konnte unsichtbare Fangarme ausstrecken, um sich Aufmerksamkeit und Liebe zu holen. Ich kenne ja schon sein Muster und habe ihm einmal gespiegelt, wie er bei Familienfesten jede Gelegenheit nutzt, um sein Umfeld dafür zu bestrafen, dass es ihm nicht die ihm gebührende Aufmerksamkeit schenkt: „Du willst gar keine Hilfe, Du willst nur, dass es allen anderen genauso schlecht geht wie dir. Ich mache dein Spiel nicht mehr mit, komm erst wieder zu mir, wenn du wirklich Hilfe von mir annehmen willst." Er schaute mich mit einem schiefen Lächeln an und seitdem sind die Spielregeln klar. Er spürt, dass ich mich und ihn ernst nehme und seine Muster durchschaue. Danach ließ er sich sogar auf tiefergehende Gespräche mit mir ein. Ich weiß, er kann mit seiner gemütvollen Herzlichkeit anderen Menschen ganz viel geben. Ich glaube, Werner merkt, dass ich hinter die Maske der Unverbindlichkeit und Angst geschaut habe und seine Würde und Kraft gesehen habe.

Leider hat seine Frau Angst, ihm so konkret wie ich zu sagen, dass sie aus diesem Spiel aussteigt. Sie rennt immer noch hinter seiner Anerkennung her und leidet wie ein Hund. Aber solange er ihr gegenüber nicht offen und ehrlich „Nein" sagt, solange wird es ihm auch nicht gelingen, sich entschieden mit einem „Ja" zu ihr zu bekennen. Rache als eine feige Form von Trauer scheint nach wie vor das Motto ihrer Beziehung zu sein.

Bis bald,

Anita

Ein charmanter Dampfplauderer

Charmante Dampfplauderei als Distanzhalter

*L*iebe Oma Berta,
    Dir ist vielleicht der Begriff des Unverbindlichen fremd, Du nanntest sie Schwätzer und Heiße-Luft-Verbreiter. Und Du würdest sofort einen Unverbindlichen erkennen, wenn Du ihm im Alltag begegnen würdest. Du erinnerst Dich an Willi? Allzu schnell wurde man von ihm als Publikum missbraucht und musste sich alle Schlauheiten der Welt, in Worthülsen verpackt, anhören. Er war in der Lage, sie wie eine große Sprechblase um seine seelische Unerreichbarkeit zu packen. Was vordergründig erst einmal schlüssig schien, wurde im Laufe des Gesprächs immer fadenscheiniger, weil die Sprechblase halt nur eine Blase ist und keine eigene Erfahrung beinhaltet. Seine Gefühle hat er immer nur gedacht und nicht empfunden. Schon in der Kindheit hatte er – wie die meisten Unverbindlichen – aufgehört, sich auf das Risiko des Fühlens einzulassen. Willis Theorie war Widerstand. Er schenkte diesem Teil in sich seine ganze Aufmerksamkeit, genauso wie ein Bodybuilder einem gut trainierten Muskel. Demzufolge zog er sämtliche intellektuellen Register – selbst dann, wenn er seine Weisheiten nur aus der Bildzeitung hatte. Es reichte immer, um ein Konzept daraus zu entwickeln und den „logischen" Schluss zu ziehen, dass nicht er die Schuld trägt, sondern die Welt und die Politik – und das nicht nur in Belangen von allgemeinem Interesse, sondern auch ganz persönlich für den Schlamassel in seinem Leben. Jedes einzelne Wort diente dazu, sich nicht bloßzustellen und nichts von sich preiszugeben. Es war ihm so in Fleisch und Blut übergegangen, abwehrend zu diskutieren: Rechthaberei in Nettigkeit verpackt verschaffte ihm die Distanz, um ihn vor echten, eigenen Gefühlen zu schützen.

Beziehungen waren für ihn nur in einem Punkt wichtig: ihn in der Rolle des Opfers der übermächtigen Weiblichkeit zu bestätigen. Du kennst ja noch mehr solche Knaben. Als Partnerin hatte er sich die gefühlvolle, liebe Lisa ausgesucht. Sie ließ ihn ausgiebig an ihrer Gefühlswelt teilhaben. Für ihn schienen dies gute Voraussetzungen zu sein, so dass seine emotionale Taubheit für gewisse Zeit auch ihm selbst erträglich war. Die ersten zwei Jahre ihrer Ehe stopften beide gegenseitig ihre Löcher. Sie mit einer Überfülle an Gefühlen und der Illusion, gebraucht zu werden. Er dagegen trumpfte mit der Überfülle seiner Gedankenwelt auf, die ihn männlich bestimmend auftreten lassen und in ihren und seinen Augen für eine gewisse Zeit wichtig erscheinen ließ. Himmlisch! Da schienen sich doch die zwei Richtigen gefunden zu haben. So hatten sich Mann und Frau den Ausgleich von Bauch und Kopf schon immer vorgestellt.

Leider hielten Hormonschübe mit dem Wunschdenken und -fühlen nicht lange genug an. Also lag es in der Natur der Sache, dass Lisa irgendwann mitbekam, dass sie emotional an seiner Seite verhungerte. Als gefühlvolle Frau wollte sie ihren Liebsten seelisch erreichen und scheiterte. Der Kampf begann: Lisa ließ sich noch eine Weile mit Worthülsen trösten, bis sie merkte, dass Willis Kompetenz nur vorgetäuscht war. Alles Jammern half dann nicht, sondern ein langer, mühsamer gemeinsamer Weg lag vor den beiden. Mit der grundlegenden Frage: „Können wir zueinander noch Ja sagen, und zwar aus vollem Herzen?" Damit konnten sich die beiden erst einmal gegenseitig die Tür offen halten. Seine Furcht vor Kränkung ließ ihn jedoch immer wieder auf die Strategie des Unberührbaren zurückgreifen, insbesondere wenn es um die Verantwortung für seine emotionale Gesundheit ging, die er gern Lisa zuschob. In dieser Zeit verkamen Wünsche zu Forderungen und Erwartungen zu unerfüllbaren Bedingungen. Er pochte lange darauf, dass er sich nur ganz auf sie einlassen könne, wenn sie seine Forderungen bis ins kleinste Detail erfüllen würde, wobei er es schaffte, die Latte der Bedingungen nach jedem erreichten Etappenziel immer noch ein Stück höher zu legen. Jahrelang zog Willi derart raffiniert alle Register, dass Lisa zu Hochform auflief: In ihr Herz schien mit ehernen Lettern die Überzeugung gemeißelt zu sein, dass sie es schaffen würde, dem kopfgesteuerten Willi alles zu geben, was er brauchte, besonders wenn er sich hilflos zeigte.

Warum ich gerade jetzt an den Film von Billy Wilder „Manche mögen's heiß" denke, liegt wohl daran, dass uns Frauen eine noch so überzogene Hilflosigkeit eher anzieht, als dass sie uns abschreckt. Also, Tony Curtis parodiert in dem Film den Hilflosen. Er, der eigentlich ein Draufgänger ist, gibt sich mit dicker Brille dermaßen hilflos und ruft gleichzeitig mit vorgetäuschter Homosexualität und Impotenz (!!) alle Helferinstinkte von Marilyn Monroe wach, so dass er sich nur noch „pflücken lassen" muss. Raffiniert!

Ich glaube, Lisa wollte ihren Willi mit seiner manchmal vorgetäuschten Hilflosigkeit, verpackt in Intellektualität, am liebsten auch nur so pflücken, aber ihre Geschichte spielte nicht im Film und ihre Anstrengungen ließen sie irgendwann an ihren Bemühungen zerbrechen.

Der ausgefuchste und zugegebenermaßen bei den meisten unbewusste Trick, durch Intellektualität über einen Gefühlsmangel hinwegzutäuschen, erlaubte es Lisa, sich ihrem Willi gegenüber lange edel und gut und vor allem gebraucht zu fühlen. Obwohl Willi am Hebel saß, bediente er unbewusst den Helferteil seiner Frau, der sie streckenweise richtig aufblühen ließ. Der gefühlte Ausgleich zwischen zwei unterschiedlichen, aber sich ergänzenden Qualitäten im Yin- und Yang-Spiel stellte sich aber dennoch nicht ein. Je mehr Lisa sich auf ihn zubewegte und versuchte, in seinen Gefühlskerker einzudringen, umso stärker setzte sie Willis Abwehrstrategien in Gang: Er ging weiter auf Abstand und verstärkte mit Passivität seine Machtposition. Schließlich hatte er in der Vergangenheit gelernt, dass er mit Passivität den längeren Atem hat. Sein eher verstecktes Nein stärkt seine Machtposition und die Doppelbindung in der Beziehung, die die Basis für eine Co-Abhängigkeit ist: Der eine braucht es, gebraucht zu werden, und der andere bindet mit dem Versprechen „Erst, wenn du mich ganz erfüllt hast, kann ich auf dich zukommen".

Lisa kämpfte um Anerkennung für ihre Liebe, während Willi der Liebe seiner Frau noch nicht vertrauen konnte. Erst als es zwischen den beiden fast zum Bruch kam, erinnerte er sich daran, dass er sie unter keinen Umständen verlieren wollte. Nach ihrem Zusammenbruch sah er sie mit neuen Augen: Er sah nun nicht mehr wie früher die übermächtige, gefühlvolle Frau, sondern seine Lisa, die Frau, die ihn ehrlich liebte – mit all seinen Ecken und Kanten. Er erkannte, dass die Abwehrmechanismen, die ihm in seiner Kindheit geholfen hatten, die übermächtige Dominanz seiner Mutter zu überleben, ihn im Erwachsenenalter blockiert hatten. Diese Erkenntnis kam gerade noch rechtzeitig, beinahe wäre sein Beziehungsverhalten auf ambivalente Reaktionen der Abwehr beschränkt geblieben.

So ist der Geschlechterkampf kein Geschlechterkampf per se, sondern die Suche nach der vollkommenen ersten verlässlichen Bindung. Mit dem Anspruch, der gegengeschlechtliche Partner möge bitte den früher erlittenen Mangel ausgleichen. Die Beziehung scheitert dann oft an den kindlichen Erwartungen. Hier zeigt sich, ob genug erwachsenes Potenzial und Liebe die Beziehung trägt, um ehrlich zu sich und zum Partner zu sein. Oft hilft dann ein neutraler therapeutischer Begleiter dem Paar, sich die eigene Situation bewusst zu machen.

Willi jedenfalls konnte sich nach einigen therapeutischen Paarberatungen wieder spüren, ohne dazu den Umweg über die Emotionen seiner Partnerin zu gehen. Sich die eigenen, verletzlichen Gefühle zuzugestehen war ein zugleich entspannender und stärkender Prozess, der ihm eine würdevolle, herzliche Kraft verlieh, die ihm ermöglichte, sich nicht länger als Opfer zu fühlen. Er griff danach nur noch ganz selten auf leere Worthülsen zurück. Er hatte begriffen, dass für ihn ein gesunder, spontaner und erfüllter Austausch mit der Welt möglich war. Willi taktierte plötzlich nicht mehr, sondern verband seine Gefühle unmittelbar und blitzschnell mit gelesenen Informationen. Sein scharfer, selbstironischer Humor gab ihm Würde. Wenn etwas schief lief, schob er nicht mehr Lisa oder der Welt die Schuld dafür zu und wurde so im Alter zu einem wunderbaren Gesprächspartner, der glaubwürdig war und etwas zu sagen hatte. Ich fand, es war richtig spürbar, wie erleichtert alle reagierten, als Willi sein mitleidheischendes Opferverhalten aufgab. Sein größter Lohn war, welch stolze Blicke Lisa ihm schenkte, als sie fühlte, dass er sich endlich selbst mochte. Sein besonderer Humor, mit dem er sich und die eigenen Schwächen nun betrachten konnte, schien auch seine Körperfülle zu transformieren: Leichtfüßig, galant und anschmiegsam glitt er mit Lisa über die Tanzfläche. Jedes Mal, wenn ich das sah, fand ich, er hat endlich für sich die „Leichtigkeit des Seins" entdeckt.

Kuss, **Anita**

Helfen als Droge

L iebe Oma Berta,
wenn ich so zurückdenke, glaube ich, wir waren von hilfsbereiten Menschen geradezu umgeben. Kannst Du Dich noch an Manfred, unseren Nachbarn, erinnern? Er war geradezu süchtig nach Menschen, denen er gefällig sein konnte. Ein Bedürfnis, dass er in allen möglichen Vereinen befriedigte und von einem Termin zum anderen hetzte. Gefälligkeiten erlaubten ihm, gut dazustehen. Er blühte auf, wenn er gelobt wurde und fühlte sich dann wertvoll – nach diesem Gefühl war er geradezu süchtig. Sein Helfertum erlebte Manfred wie einen Rausch. Das kurz andauernde Hochgefühl, „wichtig zu sein", verbarg jedoch nur unvollkommen sein ausgeprägtes Minderwertigkeitsgefühl. Er war auf der permanenten Suche nach Bewunderung und zündete fünf Feuer auf einmal an, die er aber aus eigener Kraft meist nicht am Brennen halten konnte. Am größten fühlte er sich bei den wirklich Hilflosen, denen er seine Hilfe förmlich aufdrängte. Meist wurde ihm sein Arbeitspensum dann zu viel und er wandte sich kurzerhand mit treuen, bittenden Augen an seine Frau, die ihn auch immer entlastete und den Hauptanteil seiner Arbeit übernahm – nur damit er sich wieder neuen Samariterdiensten oder Hilfsleistungen zuwenden konnte.

Er konnte für sich selbst nicht wirklich sorgen und versuchte, über Ersatzhandlungen – einer Art permanenten Abzappeln – seine Gier nach Anerkennung und Aufmerksamkeit zu befriedigen. Aber Scham und Minderwertigkeitsgefühl schienen ihn zu hetzen und ständig ihren Preis zu fordern. Dabei bringen Minderwertigkeitsgefühle gepaart mit Scham das angefachte Feuer immer wieder zum Erlöschen. Ja, dieses permanente Abzappeln brachte sogar das Feuer seiner Partnerin zum Erlöschen, weil beide als Paar damit beschäftigt waren, zwar andere, aber nie sich selbst gegenseitig zu nähren. Seine Frau, die aus Liebe zu ihm seine Helferin war, ließ sich eher widerwillig missbrauchen. Er aber verpasste keine Gelegenheit, um für die Hilfsleistungen allein alles Lob einzuheimsen und gut dazustehen.

Zuhause kannte man Manfreds wahres Gesicht, hier wurde er auch kritisiert und nicht nur gelobt, daher macht es ihm wenig Spaß, zu Hause Arbeiten zu verrichten. Hier ließ er sich lange bitten. Er tat so, als sei er bereit, blieb aber ganz unverbindlich in seiner Zusage. So etwas wie „Das mache ich schon irgendwann". Er hatte ja so viel zu tun und dem Nachbarn hat er seine Hilfe schon lange versprochen. Bevor er die Bitte zu Hause erfüllte, waren erst noch zehn andere Gefälligkeiten in der Nachbarschaft und im Freundeskreis dran. Obwohl die Bitte seiner Frau ein Gefühl von Gebrauchtwerden in ihm auslöste, hielt er es für klug, sich noch dreimal bitten zu lassen. Und wenn dann der Zeitpunkt kam, sein Versprechen einzulösen, wies er die Bitte mit Unschuldsmiene und einer fadenscheinigen Entschuldigung zurück. Das Blitzen in seinen Augen verriet jedoch sein heimliches Triumphgefühl, das er sich fast immer nur zu Hause erlaubte. Zu Hause legte er sich auf die Couch, weil er sich von den vielen nachbarlichen Gefälligkeiten erholen musste. Innerlich lächelnd genoss er es dann ausgiebig, seine Frau warten zu lassen, kontrollierte die Situation und verneinte so jede Abhängigkeit. Ich glaube, Manfred kannte nur zwei Strategien, wenn er sich unterlegen fühlte: sich zu unterwerfen und anzubiedern oder sich heimlich zu widersetzen. Hatte er aber Oberwasser, ließ er den anderen am ausgestreckten Arm verhungern. Tief in seinem Inneren brannte wie bei allen Unverbindlichen ein seelischer Schmerz, den er aber mit den Wachstumsschmerzen der Beziehung gleichsetzte. Für ihn fühlte sich jeder Schmerz gleich an, weil er ihn damit verband, abgelehnt zu werden und sich minderwertig zu fühlen. Daher hatte er sich für eine von ihm kontrollierte Distanz entschieden. Für ihn war es Nähe genug, wenn jemand im Nebenzimmer hantierte.

Eigentlich lebte Manfred wie in einer Zeitmaschine, in der die Bilder immer wieder einmal angehalten werden müssen, damit er sich in seinem eigenen Zeitschema noch einmal genau orientieren und erkennen konnte, wie seine eigenen, ehrlichen Beweggründe zum Helfen aussahen. In der Geschwindigkeit der normalen Zeit fühlte er sich fast immer genötigt, auf etwas zu reagieren, was er so schnell nicht überblicken konnte. Daher konnte er sich im „inneren Zirkel", soll heißen in der Familie, trauen, fast ehrlich zu sein. Hier schöpfte er Kraft, um sich bei den Nachbarn und somit im äußeren Zirkel seinen elektrisierenden, stimulierenden Schuss Anerkennung abzuholen.

Ich habe erfahren, dass Manfred sich am meisten auf eine Verabredung freute. Wenn, ja wenn er sich denn für eine Verabredung entscheiden konnte. Nichts hasste er mehr, als überrascht und somit überrumpelt zu werden. Aber Verabredungen, die weit im Voraus getroffen wurden, verliefen im Sande und wurden nicht eingehalten, weil die Vorfreude bis dahin schon lange verbraucht war. Hinzu kam noch, dass sich Manfred allerdings mit jeder Zeitvorgabe unter Druck gesetzt fühlte, selbst wenn sie unendlich groß war wie beispielsweise „Lass dir ruhig Zeit bis an dein Lebensende" – das wäre für ihn die furchtbarste Zeitvorgabe überhaupt. Weil er dann überlegte, was bis dahin noch alles passieren könne und welche Aufgabe er kurz vor dem Ende noch zu lösen habe.

Wenn Du von dieser komplizierten Struktur von Manfred, Willi und Werner hörst, weißt Du ja, dass sie stellvertretend für viele beschämte Männer stehen. Da fragt man sich doch, was uns Frauen letztendlich reizt, mit diesen großen Buben eine Beziehung einzugehen? Wo doch so einem augenscheinlich mit einer Fernbeziehung viel besser gedient ist. Mir fällt nur diese Antwort ein: Frauen überschätzen sich, indem sie glauben, diesen großen Buben wieder Vertrauen in die Liebe einflößen zu können, und sie sind bereit, stellvertretend den Preis für die erste schiefgelaufene Erfahrung mit dem weiblichen Geschlecht zu zahlen. Diese positive Erfahrung von Liebe und Nähe wird von der defensiven Verdunklungstaktik aller Widerständler jedoch erfolgreich, wenn auch unbewusst verhindert, indem jede Frage mit einer Gegenfrage beantwortet wird. So stoßen Frau und Mann nicht zum wesentlichen Punkt ihres ursprünglichen Anliegens vor, weil die ausgefeilte Fragetechnik des Mannes verdecken soll, was mit der eigenen Unsicherheit und der Angst, nicht liebenswert zu sein, zu tun hat. Die Fragerei ist ein Bollwerk, um keine Angriffsfläche zu bieten, und verhindert die wichtigste Erfahrung, die uns das Leben zu bieten hat, nämlich die Erfahrung, dass erst bewusste Entscheidungen und das Übernehmen von Verantwortung den Menschen differenzierter fühlen lassen. Ohne eigene Entscheidungen zu treffen, verliert der Mensch den Kontakt zur Realität und träumt nur davon, wie es sein könnte.

Realitätsfremd gehen diese Menschen auch mit ihrem Körper um, der ganz oder zumindest in Teilen abgelehnt wird. Das gilt für den Mann, der unverbindlich ist, genauso wie für die Frau. Man fühlt sich von zu viel Körperkontakt bedroht oder schämt sich, wenn man in den Arm genommen wird, und löst sich so schnell wie möglich aus der Umarmung, weil Nähe an der Wunde rührt, es nicht wert zu sein, geherzt zu werden. Ein unsagbares Gefühl der Verlorenheit herrscht vor. Da jeder Schmerz als Bestrafung empfunden wird, flüchtet man in innere Schutzhaft, wo man nichts fühlt. Moralische Ziele dienen dazu, vordergründig vor den wirklichen Gefühlen der Scham zu schützen. Man fühlt sich beschämt und hasst sich, weil man nicht perfekt ist. Melancholie ist das Lebenslied.

Kuss,

Anita

Wie verhält sich eine unverbindliche Frau?

L iebe Oma Berta,
jetzt habe ich ja lange und ausgiebig über die Abwehrstruktur des unverbindlichen Mannes gesprochen, und es wird Zeit, dass ich mich auch einmal der unverbindlichen Frau zuwende. Natürlich gibt es auch die beschämte Frau. Sie ist genau wie ihr männliches Gegenstück „ein hilfloser Helfer": hilft, macht und tut. Ihre Hilfe ist genau wie beim Mann davon geleitet, gut dazustehen. Sie ist die erste, die ihre Hilfe beim Umzug anbietet. Sie wird in kleine Begeisterungsschreie ausbrechen, wenn so viele schöne Dinge aus den Schränken hervorgeholt werden. Sammeln und Horten ist ihre Leidenschaft. Sie wird das Chaos dadurch verstärken, dass sie jedes Stück noch einmal auspackt und einzeln in die Hand nimmt. Dabei kann es sein, dass ausgerechnet ein wertvolles Stück in Scherben geht. Heimlich wird sie es entsorgen und wie ein Unschuldslamm das Chaos dafür beschuldigen, dass ihr dieses Missgeschick passiert ist. Nach dem Motto: „Warum hat die auch so wertvolle Dinge?" Wenn sie erwischt und auf das Missgeschick angesprochen wird, fühlt sie sich ungerecht behandelt und in ihrer Hilfsbereitschaft nicht gewürdigt. Sie wollte doch nur helfen. Noch lange wird sie über diese Ungerechtigkeit jammern und sich über die Undankbarkeit und Schlechtigkeit der Welt beklagen.

Sammeln schafft ihr Befriedigung und würde als Leidenschaft am ehesten befriedigt, wenn in der Nachbarschaft mindestens zweimal im Monat Sperrmülltag wäre. Da kann sie herrliche Dinge finden, die nichts kosten und die als Schätze heimgetragen werden. Man könnte sie vielleicht einmal gebrauchen. Im Sammeln und Horten ist sie ihrem männlichen Unverbindlichen ganz ähnlich. Sie wollen ihren inneren Mangel mit Dingen decken, die sie nichts kosten, ganz nach dem Motto: „Gefunden ist doppelt wertvoll!" Sie übersieht, dass sie ihr Zuhause damit blockiert. Indem sie Dinge stapelt, wird der äußere Raum genauso eingeengt wie der innere Raum durch den Muskel- und Fettpanzer. Obwohl sie dies ahnt, kommt etwas wegwerfen für sie einem körperlichen Schmerz gleich.

Sie verzettelt sich dadurch, dass sie sich als Vollbeschäftigung bedürftige oder sogar süchtige Männer aussucht, denen sie ihre Hilfe überstülpt, so dass sie sicher sein kann, nicht verlassen zu werden. Sie ist davon überzeugt, dass sie in Ordnung ist, wenn sie keinen Schmerz empfindet. Ihr Leben besteht daraus, gegen den Schmerz zu kämpfen. In ihr ist etwas, das immer weint, daher darf es ihren Partnern oder Freunden bitte nicht besser gehen als ihr. Geht es jemandem aber gut, empfindet sie dies wie einen Schlag ins Gesicht. Heimlich rächt sich die seelisch Verletzte für die Ungerechtigkeit der Welt und verdirbt mit einem kleinen Streitgespräch die gute Laune der Freunde. Das geht in etwa so:

Zwei Freundinnen haben einmal zusammen gewohnt, und ab und zu kommen für die eine noch Briefe an die alte gemeinsame Adresse. Sie wohnen beide noch im selben Ort. Als wieder einmal ein Brief kommt, steckt die Unverbindliche der Freundin den Brief in den Briefkasten. Ein paar Tage später telefonieren sie miteinander. Die Unverbindliche: „Hast du den Brief gesehen, den ich dir eingeworfen habe?" Die Freundin: „Ist mir gar nicht aufgefallen, dass da ein Brief mit der alten Adresse dabei war." Die Unverbindliche mit Schuldzuweisung: „So bist du, fällt dir noch nicht mal auf, wenn du einen fremden Brief aufmachen würdest!" Die Freundin erstaunt: „Da stand doch mein Name drauf, nicht wahr?" Die Unverbindliche: „Aber da hätte ein anderer Name draufstehen können, zum Beispiel der deines Nachbarn, und dann hättest du es einfach aufgerissen, du bist immer zu schnell!" (Wertung) Die Freundin ist verblüfft über die Wendung des Gesprächs: „Ich hatte noch nie einen Brief von meinem Nachbarn im Briefkasten. Außerdem habe ich immer viel Post, da bin ich froh, wenn ich die alle durchgegangen bin!" Darauf die Unverbindliche mit leisem Triumph in der Stimme: „Sag ich doch, du machst dir gar keine Gedanken, was alles passieren könnte, und bist immer viel zu spontan, das habe ich dir schon immer gesagt!!!" Da dämmert's der Freundin: „Um was geht es hier eigentlich? Willst du dich um Kaisers Bart streiten?" Die Unverbindliche: „Wie? Ich will doch nicht streiten, ich bin doch der friedfertigste Mensch der Welt und habe dir nur deine Post gebracht, DUUUU streitest doch mit mir!!!" – und legt wütend auf. Spätestens dann ist die Freundin ratlos und weiß nicht, was sie mit diesem Gespräch anfangen soll, bestenfalls ist sie nur irritiert, im schlechtesten Fall fühlt sie sich mies und beschämt. Das Verschieben der inneren Scham ist geglückt.

Dieses provokative Verhalten geht auf alten, versteckten Ärger zurück, dem dieses unerfreuliche Gespräch als Ventil dient. Wenn Freundinnen über so einen Vorfall lachen können, zeigt es das Wohlwollen, das sie füreinander empfinden, und die Freundschaft wird gefestigt.

Lachen ist sowieso der Schlüssel, Unverbindlichkeit in Freundschaft und Verbindlichkeit umzuwandeln. Da geht die Sonne nicht nur im Gesicht der Unverbindlichen auf, sondern ihr Herz strahlt auf eine eigentümlich kindliche Weise und lässt die vorangegangenen Kabbeleien schnell vergessen.

Kuss, **Anita**

Paradoxe Verwicklungen und Erkenntnisse

*L*iebe Oma Berta,
Jahrzehnte dauerte es, bis ich wusste, dass das Leben einem wilden Pferd gleicht. Was würde geschehen, wenn ich mich nicht traue, mich auf das Pferd zu schwingen und es zu reiten? Würden mich irgendwann meine Lebensängste reiten? Klar, ich könnte leicht vom Rücken dieses Pferdes fallen. Aber dann wäre es das Beste, wieder aufzusteigen. Eine hinderliche Kurzsichtigkeit auf diesem risikoreichen Ritt war, dass nur ein kleiner Radius meines Handlungsspielraumes klar zu erkennen war. Weitere Schritte erschienen mir verschwommen, weil ich noch kein Bild von den Erfahrungen hatte, die noch vor mir lagen. Aber mit jeder Erfahrung wuchs auch das Bewusstsein, meinem Bauchgefühl trauen zu können. Und so wurde

aus dem unberechenbaren Ritt eher ein konzentriertes von einem Stein zum anderen springen, um eine Stromschnelle zu überqueren. Aber unabhängig davon, welchem Gefühlsbild ich mich zuwandte, beide ließen Bilder der Vergangenheit parallel zur Gegenwart an mir vorbeiziehen. Da half es manchmal nur, sich mit wehenden Haaren in den Wind des Lebens zu stellen. Eine stürmische Zeit, die reinigend das Unterste zu oberst kehrte und mir alle vorgefassten Vorstellungen vom Leben austrieb. Mit dem überraschenden Ergebnis, dass mir etwas ganz anderes gegeben wurde, als das, was ich ursprünglich angestrebt hatte.

Ich glaube nicht, dass Du die berühmte, amerikanische Familientherapeutin Virginia Satir kennst. Ich kenne sie als liebevolle, einfühlsame Frau, die den legendären Ausspruch prägte: „Was tun wir nicht alles, um das zu kriegen, was wir nie haben wollten." Für sie war es offensichtlich, wie sehr uns unsere Vermeidungsmechanismen genau in die Fangarme der angestrebten Vermeidung treiben. Und Fehler erst einmal teuer zu bezahlen, bevor wir erkennen können, wie wir uns gegen unsere Würde und Kraft versündigen, wenn uns der beschützende Instinkt fehlt. Oder aber das schädliche Muster bewusst und manchmal sogar wider besseren Wissens zu leben, eingesperrt in den eigenen Reaktionsraum, ohne eine Chance der Wahl zu haben. So etwas nenne ich, mit Anlauf in die verkehrte Richtung zu rennen. Und wenn dann der Zenstock, der Disziplinierungsstock der japanischen Zenmönche, des Lebens auf mich herabsauste, wurde ich schmerzhaft daran erinnert, dass ich mich vergessen hatte. Für einen Moment war ich dann hellwach, um ohne Erkenntnis gleich wieder in den Illusionsschlaf zu fallen.

Weißt Du, Oma, was mich manchmal richtig fuchste? Dass mein Aufwachen von paradoxen, verwirrenden Situationen begleitet wurde. Ich strengte mich für die Harmonie an und landete ganz leicht in einem handfesten Streit. Ich war doch auf dem Weg des Bewusstseins und trotzdem überrollten mich die Gefühle, die ich unbedingt vermeiden wollte. Es dauerte Jahre, bis ich begriff: Wer sich so anstrengt, um einen Konflikt zu vermeiden, hat keinerlei Flexibilität mehr. Nur ein kleiner Stich von der Gegenseite und die empörte Gefühlsrakete stieg blitzschnell in den vorhin noch so wolkenlos scheinenden Himmel. Dann wieder gab es Zeiten, in denen ich mich für die Beziehung regelrecht aufopferte – nur um zu erkennen: Wenn ich mich selbst in keiner Weise würdige, führt das zielgerichtet dazu, auch von anderen nicht gewürdigt zu werden. Also, ich bekam immer das Gegenteil von dem, was ich angestrebt hatte.

Sich aufzuopfern ist den einen wohl tief in ihr Handeln und ihr Herz geschrieben. Andere tun alles, um sich die eigene Sicherheit in der Familie zu erhalten und verwechseln dies damit, sich in der Familie aufzuopfern. Das erste Opfer ist eine Herzenshandlung, das zweite ist Selbstzweck. Gleichwohl lehnen es fast alle Menschen vom Verstand her ab, sich aufzuopfern. Aber das Herz fragt uns in vielen Fällen nicht, sondern lässt uns einfach machen. So kommt es, dass wir aus Liebe immer wieder große Opfer bringen. Jeder gefühlvolle Song oder Film rührt unser Herz an, wenn sich jemand für die Liebe opfert. Liebe und echte Hingabe ist das Lied, das unser Herz singen möchte.

Diesem inneren Bild, wie als Kind uneingeschränkt zu lieben, opfern wir in unserer Kindheit einen Teil unserer Identität, und zwar zum Wohle unserer Ursprungsfamilie. Alle Kinder nehmen für dieses Opfer an die Liebe unbewusst einen Stillstand der eigenen Entwicklung billigend in Kauf. Dieser Stillstand, der dem energetischen Ausgleich in einer Familie dienen soll, ist ein physiologisches Streben nach Einhaltung eines Gleichgewichts, das für die Funktion eines Organismus oder eines Familiensystems lebensnotwendig ist. Es ergibt sich aus dem Zusammenspiel der menschlichen Seele und der eigenen Persönlichkeit mit der Familienseele. Ich sehe schon die Fragezeichen in Deinen Augen! Vielleicht bringen ja ein paar Beispiele aus meiner Praxis etwas Klarheit:

Wenn ein Unrecht oder Ungleichgewicht in einem Familiensystem entstanden ist, besteht die Opferhandlung darin, dass sich einer in dem System freiwillig zur Verfügung stellt, um ein Unrecht aus vorangegangenen Generationen auszugleichen. Damit wird das Überleben und das Gleichgewicht des Systems gewährleistet.

Wie sehr sich Unrecht oft erst in der dritten Generation zeigt, bringt mir eine „systemische Aufstellung" ins Gedächtnis, zu der die ganze Familie vollzählig erschienen war: Vater, Mutter und drei Kinder. Der älteste Sohn der Familie, neun Jahre alt, war verhaltensauffällig, mit unkontrollierbaren Wutausbrüchen. Nach Besonderheiten in der Familie befragt, erzählte die Mutter, dass ihr Großvater sich im Krieg den Posten eines Museumsdirektors auf Kosten eines Juden angeeignet hatte, der ins Konzentrationslager kam. Aufgrund des herrschenden Rechts- oder Unrechtsbewusstsein hatte er sich wie selbstverständlich das gesamte Vermögen samt der eingerichteten Wohnung angeeignet. Der Großvater fühlte sich im Recht. Aber auch ein nicht eingestandenes Unrecht bringt das Familiensystem energetisch aus dem Gleichgewicht. Jemand, der nicht gewürdigt wurde für das, was ihm angetan wurde, wird in einer systemischen Aufstellung wieder als Teil integriert. Er wird als Stellvertreter der Person des jüdischen Museumsdirektor aufgestellt. Der neunjährige Junge schaute ganz ruhig und aufmerksam zu, stand ohne ein Wort zu sagen auf und stellte sich neben den Stellvertreter des früheren Museumdirektors und fasste ihn vertrauensvoll an der Hand und schaute ihn an. Mit seiner wütenden, rebellischen Art hatte der Junge unbewusst für Unruhe in der Familie gesorgt. Der jüdische Vorgänger des Großvaters, der zum Wohlstand der Familie beigetragen hatte, wurde totgeschwiegen und ausgegrenzt und nie für seinen erzwungenen Verzicht gewürdigt.

Das innere Schuldgefühl der Beteiligten wurde verdrängt, weil sie den Preis, nämlich den Tod des Geschädigten, als zu hoch ansahen. Einen Ausgleich für das Unrecht gibt es nicht. Er wird nur ansatzweise durch den Satz gewürdigt: „Ich habe den Platz und mein Vermögen auf Deine Kosten." Dann ist es wenigstens ausgesprochen, dass der Großvater sein Vermögen und den Platz auf Kosten des Vorgängers eingenommen hat. Der unschuldige, neunjährige Enkel fühlt sich nicht mehr in die Pflicht genommen, dem Ausgeschlossenen wütend einen Platz zu verschaffen. Opfer gehören in der systemischen Vorstellung zu den Familien dazu, die ihnen etwas angetan haben. So paradox dies klingen mag: Jedes Unrecht fordert vom System einen Ausgleich, ehe es zur Ruhe kommen kann.

In allen schwer gestörten Systemen übernehmen die Schwächsten der Familie, meist die Kinder, freiwillig die Rolle des Reformators, um einen unzufriedenen Elternteil zu trösten, einen Unterdrückten zu rächen und einen Instabilen an die Familie zu binden. So versuchte auch innerhalb einer Familie ein damals psychotischer Jugendlicher, seinen schwachen und unfähig erscheinenden Vater dadurch zu ersetzen, dass er das Verhalten eines autoritären Vaters bereitwillig übernahm und fluchend und gewalttätig auftrat. Er nahm die nonverbalen Informationen aus der Familie auf, ging heimlich eine Koalition mit seinem Vater ein und verschaffte der Ordnung und der Autorität in der Familie einen Platz. Die Ursache des Symptoms ist ein aufopferndes und systembeschützendes Verhalten. Die Ordnung hat dann ihren Ausgleich, auch wenn sie verdreht ist. Sollte es im System keine wirkliche Autorität geben, an der man sich orientieren kann, stellt sich ein Kind im System zur Verfügung, um den Platz zu besetzen.

In so einer gestörten Ordnung ist keines der Familienmitglieder wirklich bereit, eine Zurechtweisung zu ertragen und somit die Verantwortung für das zu übernehmen, was schief gelaufen ist, also Einsicht und Wachstum zu ermöglichen. Sie strengen sich zu sehr an, das paradoxe System zu erhalten, so dass sie nur unter großem Druck bereit sind, Einsicht zuzulassen. Das macht es aber keinem Familienmitglied möglich, einen Standpunkt zu finden, geschweige denn die Beziehung zueinander zu definieren. Weil keines der Familienmitglieder wirklich bereit ist, die Führung zu übernehmen, werden der Familie Verhaltensregeln aufgezwungen, die aufgesetzt und spaltend sind. Jeder, der in ein solches System zum Beispiel durch Heirat eintritt und über die Irritation im System spricht, wird durch Abwertung seiner eigenen Person genötigt, die verdrehten Beziehungen nicht zu hinterfragen.

Durch die sich ständig verändernden Positionen entsteht Verwirrung. Verhält sich manchmal das Kind wie der Vater oder die Mutter, kann das Kind keinen eigenen inneren Standpunkt finden und kein gesundes Ego entwickeln. Im ganzen System herrscht immer Spannung, die Aufmerksamkeit richtet sich nach außen und auf den anderen, was man in der systemischen Theorie Homöostase nennt. Auf gesellschaftliche Verhältnisse übertragen bedeutet Homöostase, dass die Erhaltung eines bestimmten Zustandes angestrebt und jede Abweichung reguliert wird. Da dieser Zustand bei gestörten Familienstrukturen unter allen Umständen erhalten werden muss, führt dies zu paradoxem Verhalten oder zu paradoxen Situationen.

Daraus folgen im Erwachsenenleben stürmische, instabile Beziehungen, die zwischen der Angst, verlassen zu werden, und der Angst, beherrscht zu werden, hin und her pendeln. Ein Pseudostarker wird seinen Partner nach seiner Bedürftigkeit auswählen, mit dem Versuch, die eigene Bedürftigkeit zu heilen. Oder im Umkehrschluss hat ein Bedürftiger ein Näschen für einen, der allzu gerne gibt. Diese Beziehungen entfalten sich zwischen den Extremen des Klammerns und der Rebellion. Menschen, die so traumatisiert sind, haben kein inneres sicheres Bild von sich und können sich so in einer Krise nicht trösten: „Ich weiß nicht, woran ich mich orientieren soll, ich habe gar kein inneres Bild von einer Beziehung von Mann und Frau. Daher bin ich immer auf der Suche." So treffen sich oft zwei emotional missbrauchte Kinder, die sich beide nicht bewusst sind, dass sie in ihrer Kindheit nur gelernt haben, für andere zu sorgen, und über ihre eigene Identität verwirrt sind. Einer von den beiden fühlt sich aber auserkoren oder wird vom anderen auserkoren, die Führung in diesem Set-up zu übernehmen.

Der Pseudostarke fällt oft in die narzisstische Falle und hat den Ehrgeiz, alles und jeden lieben zu können, und verfällt der Illusion, alles damit heilen zu können.

Wer in einer paradoxen Beziehung lebt und Führung und Verantwortung übernimmt, wird von seinem Partner immer wieder dadurch verunsichert, dass der andere ihm vermittelt: „Es war nicht das Richtige, was du mir gegeben hast, und es war nicht ausreichend. Ich würde mich ja ändern, wenn du mir wirklich hilfst, aber dann müsstest du das sein, was ich brauche." Das verwirrt das Gegenüber, weil nicht definiert wird, was wirklich gebraucht wird. Das ist der unbewusste Trick, den anderen am Rennen zu halten, sich abzappeln zu lassen, um dann zu sagen: „Ich kann dich erst richtig lieben, wenn du so bist, wie ich dich brauche."

Die schizophrene Botschaft treibt das Paradoxe auf die Spitze, nach dem Motto: „Es liegt nicht daran, dass du das nicht machst, was du machen solltest …, sondern daran, dass du nicht so bist, wie du sein solltest (wobei das „wie du sein solltest" nicht definiert wird).

Wusstest Du, dass Bedürftige dazu neigen, jeden Kontakt auszubeuten, um ihre Sicherheit zu gewährleisten? Sie gehen in den Kampf, um doch noch zu bekommen, wovon sie glauben, dass es ihnen zusteht. Wenn dies nicht gelingt, suchen sie sich ein neues Opfer. Sie vereinen in sich die perfekte Opfer-Täter-Konstellation: Sie fühlen sich als Opfer und handeln wie Täter.

Gute Nacht, **Anita**

Vorzeichen für eine paradoxe Beziehung

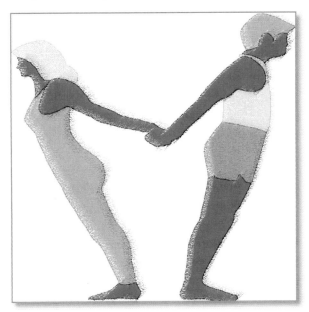

*L*iebe Oma Berta,
jetzt wäre es doch gut zu wissen, woran man eine paradoxe Beziehung eigentlich erkennen kann: Wer so sehr liebt, dass es weh tut oder dass er für den anderen Partner sterben würde, sucht in dem Partner oder der Partnerin seinen Vater oder seine Mutter und die nicht erfüllte Kinderliebe.

Schlagen die übermächtigen Kinderliebesgefühle dann in enttäuschte Liebe, also Hass um, kann ein Mann so starke Hassgefühle gegen seine Mutter entwickeln, dass er glaubt, er wird sie umbringen, wenn er sich mit ihr im Erwachsenenleben auseinandersetzt. Er spaltet sein inneres Mutterbild in zwei Teile. In ein Bild der Anziehung, das oft unbeschadet in seinem Inneren weiterlebt, und in ein dunkles, hasserfülltes Bild. Meist überträgt er die helle Seite der Weiblichkeit dann auf eine Freundin oder Geliebte und die dunkle Seite auf seine Frau oder Lebensgefährtin. In seinem Erleben übernimmt sie das Böse und die Wut und wird zur Hexe. So braucht er sich nicht zwischen den Gegensätzen zu entscheiden. Der Mann kann den erlösten Teil leben, ohne sich mit dem ungelösten Teil bewusst auseinandersetzen zu müssen. Dies ändert sich spätestens dann, wenn er sich von seiner Frau oder sie sich von ihm trennt. Da die Projektionsfläche für die dunkle Seite nicht mehr aktiv genutzt werden kann, rutscht früher oder später seine Freundin auf die dunkle Seite der Weiblichkeit und wird zur Bedrohung. Der Schatten des Frauenhasses bleibt bestehen. In der verzweifelten Hoffnung, dem inneren Hass zu entgehen, kann er sich dann wieder einer neuen Freundin zuwenden.

Diese innere Wut macht unglaubliche Angst und wird so gut es geht verdrängt. Meist hat der Mann einmal einen kurzen Blick auf dieses dunkle Kapitel geworfen und sich dann entschieden, nichts davon wissen zu wollen. Verzweifelt versucht er, seiner eigenen Zerstörungswut aus dem Weg zu gehen, will vielleicht nur noch das Sanfte und Schöne in seinem Leben haben, lernt vielleicht Reiki, studiert Theologie oder befasst sich mit anderen spirituellen Wegen, ohne dass er den Schatten los wird. Die ganze Heiligtuerei macht ihn eher unglaubwürdig.

Für Frauen, die ihren Vater hassen und sich dann krampfhaft dem Hellen, Lichten und Guten zuwenden, gilt das Gleiche.

Paradoxe Paarbeziehungen haben mich immer wieder mit der Aussage verblüfft, dass bei beiden oder wenigstens bei einem der Irrglaube besteht, den anderen wie Dreck zu behandeln, wäre ein Zeichen von Liebe. Sie meinen: „Wer so wegen mir in Rage kommt und so außer sich ist, muss mich doch gern haben." Sie glauben dies aus dem infantilen Gefühl heraus, in dem sie gefangen sind, und wissen nicht, dass Rage nur ein Zeichen des verletzten Kindes und nicht der Liebe ist.

Ich umarme Dich, **Anita**

Besondere Konstellationen für paradoxe Beziehungen

L iebe Oma Berta,
erst einmal klingt das ziemlich kompliziert, unter welchen Bedingungen eine Beziehung eine echte Chance hat. Gerade Unverbindliche sind prädestiniert für paradoxe Beziehungen und sind spätestens in einer Krise aufgerufen, ihre Beziehung wach und aufmerksam zu betrachten. Aber wie können sie das erkennen, wenn ihre ursprünglichen Gefühle ins Gegenteil verdreht sind? Ihre Unverbindlichkeit ist ja Folge eines ambivalenten und abweisenden Bindungsmusters in der Kindheit. Ihre erste Erfahrung mit dem gegengeschlechtlichen Partner war unberechenbar. Schon früh lernten sie, dass sie nur Zustimmung für eher materielle Ziele bekamen. Kreativität wurde als unnütz abgelehnt. Lob in der Kindheit gab es meist nur für grundlegende Bedürfnisse, daher gieren sie auch später, in der Erwachsenenbeziehung, nach Lob für ihr Bemühen, selbst für ganz bodenständige Beschäftigungen. Die immerwährende, anstrengende Suche nach Bestätigung geht als Kraft für die erfüllende Zweisamkeit verloren.

Ein Mann sucht daher meist verspätet Schutz bei einer starken Frau und reduziert sich dabei auf seine bedürftige, unerfüllte Seite. Im Infantilen stecken geblieben und manchmal sogar bewusst darauf pochend, ein Kind zu bleiben, nimmt er sich die Möglichkeit, seine eigene Kraft zu entwickeln. Wenn er sich dann bei seiner Frau wie ein Kind benimmt, ist die Ebenbürtigkeit in der Partnerschaft verspielt. Er fühlt sich in dieser Haltung der Frau nicht gewachsen.

Für einen so konditionierten Mann ist eine starke Frau omnipotent, sie braucht seine Hilfe oder Unterstützung nicht. Demzufolge richtet er seine Hilfsbereitschaft auf die, von denen er glaubt, gebraucht zu werden. Seine Kraft fließt nach außen. Das Paar nährt sich so nicht gegenseitig. Stellt die Frau dann ihre Bemühungen um den Mann ein, weil sie von ihm nichts zurückbekommt, kann sich der Mann auf ganz essenzielle Bedürfnisse in der Beziehung zurückziehen: Essen, Sex und Schlaf. Er fühlt sich zwar unter großen Druck gesetzt und spricht mit gepresster Stimme – nur mit ihr spricht er nicht. Er lässt sich zu keiner Aussage hinreißen, die ihn festlegen könnte. Voller Angst, etwas falsch zu machen, macht er lieber gar nichts. Aussagen und Vereinbarungen könnte man ihm ja schnell widerlegen.

Eigentlich ist dies der Moment, in dem die Frau an ihren unerfüllten Teil in sich selbst kommen kann. Es sah ja so aus, als könnte sie die Liebe, die sie braucht, bei diesem eher weichen, lieben Mann bekommen. Doch weil er ausweicht, fühlt sie sich aufgefordert, eine hitzige Diskussion mit ihm zu beginnen, die ihm klarmacht, wie sehr er sie braucht und was sie alles für ihn macht. Sie selbst vergisst dabei, dass sie es häufig braucht, gebraucht zu werden. Auch sie sucht Bestätigung nicht in ihrem Inneren, sondern im Außen. Sie legt den Turbogang ein und setzt sich 120-prozentig ein. Nur weiß sie nicht, dass sie das Gegenteil von dem erreicht, was sie erreichen möchte, nämlich einen ebenbürtigen Partner. Mit ihrem Einsatz kastriert sie seine Kraft. Beide sind in ihrem Muster gefangen: Liebe ist an Bedingungen geknüpft und jeder fühlt sich auf seine Weise nur wertvoll, wenn er von außen bestätigt wird.

Mit der Zeit ermüdet ihre Kraft, und sie resigniert, was oft als Schwäche oder auch als eine Form von Unterwerfung angesehen wird. Dieses Verhalten erntet bei einem beschämten Unverbindlichen nur Missachtung. Schwäche kennt der Mann von sich selbst, er würde gern die Frau dazu bringen, wieder selbstbewusst, stark und authentisch zu sein. Die Beziehung verkommt so zu einem Wechselspiel aus Macht und Ohnmacht, das manchmal dann im Bett versöhnt wird.

Ich habe mehrere Frauen in dieser Situation sagen hören: „Ich habe ihn geliebt, dass es weh tat und habe 120 Prozent hinter ihm gestanden. Ich habe alles getan, was man sich nur vorstellen kann. Warum funktioniert es trotzdem nicht?"

Wahrscheinlich genau deshalb. Wenn man jemanden zu 120 Prozent liebt oder hinter ihm steht, hat man sich selbst um mindestens 20 Prozent verlassen und traut auch dem anderen nicht zu, dass er alleine stehen kann.

Zwar fühlt sich der passive Partner von ihrer Präsenz und Entscheidungsfähigkeit angezogen. Aktivität ist in diesem Fall das nicht gelebte Gegenstück. Aber starkes Engagement wird schnell als Überrumpelung empfunden. Das ist dann der Hauptgrund, warum sie die Beziehung beenden, allerdings nur innerlich. Sie boykottieren die

Beziehung, so dass sich nichts mehr bewegt. Das hält die aktive Frau nicht aus und fühlt sich gedrängt, initiativ zu werden: Sie verlässt ihn. Der Mann ist dann das verlassene Opfer.

Frauen wie Männer schämen sich dafür, wenn sie zurückgewiesen werden. Aber besonders Frauen, die mitten im Leben stehen und sonst ihr Leben erfolgreich meistern, wahren ihre Geschichte als Geheimnis, der Liebe oder auch der Scham wegen. Sie schützen sich und ihren Ehemann, indem sie nur in äußersten Notfällen und auch dann nur bruchstückhaft von ihrer Situation berichten. Die Frau wirkt dadurch in ihren Erzählungen oft unglaubwürdig. Besonders wenn sie sich entscheidet, bei ihrem Mann zu bleiben, trifft sie ein stillschweigendes Übereinkommen mit sich selbst, nur einen Teil der Wahrheit zu sagen. Indem sie sich selbst unglaubwürdig macht, bleibt sie dem Gebot des Stillschweigens treu und hat so einen Weg gefunden, sich selbst zu erleichtern, aber nicht alles preiszugeben.

Traumatische Beziehungen halten manchmal deshalb so lange, weil die traumatische Starre auf der Gefühlsebene so wenig Handlungsspielraum zulässt. Eine wirkliche Begegnung von Mann und Frau ist aber nur dann möglich, wenn alle Strategien wegfallen. Dann begegnet das Herz dem Herzen, die Seele der Seele. Dann fließt die Liebe als unaufhörliche Quelle der Lebenskraft durch uns hindurch und sie bestimmt unser Handeln, das dann geprägt ist von Respekt, Verantwortung und Einsicht.

Kuss, **Anita**

Dachgeschoss

Dynamik einer Paarbeziehung

*L*iebe Oma Berta,
kommst Du mit mir in mein südliches Erkenntniszimmer im zweiten Stock? Ich weiß zwischenzeitlich ganz viel über menschliche Emotionen, Gedanken und Erfahrungen. Wie alles zusammen das Seelische ergibt. Wie sich das Seelische des Partners und seiner Familie durch die Liebe als pulsierende Information unserem Körper mitteilt und dadurch auch unser Leben beeinflusst. Informationsfelder, die die Herzensbeziehung nicht unbedingt einfacher machen.

Trotz Hippiezeit und revolutionärer Gedanken wie freier Liebe ist auch in der modernen Zeit die Paarbeziehung noch nicht aus der Mode gekommen. Auch wenn sich viele Menschen durch die gelockerten Moralvorstellungen nicht mehr für die Ehe entscheiden, ist doch der Drang ungebremst, den Traumpartner zu finden. Selbst wenn diese Suche ganz modern über das Internet geschieht, ist es doch offensichtlich, dass wir im „Gegenüber" einen Menschen suchen, dem wir vertrauen können.

Unerwartet und plötzlich trifft uns dann Amors Pfeil, wir sind verliebt. Wir leben in den höchsten Höhen unserer Gefühle und werfen all unsere Wünsche auf diese Person. Machen ihn zu unserem Märchenprinzen oder sie zu unserer Märchenprinzessin. Er oder sie soll all unsere Wünsche erfüllen und unsere Löcher stopfen. Da aber ein jeder seinen eigenen Rucksack gefüllt hat mit unerfüllten Wünschen und den eigenen Mangel mitbringt, hofft er, dass der andere den Mangel ausgleicht. Je tiefer sich eine Beziehung gestaltet, umso tief greifender wird das ganze Spektrum unserer Gefühle angesprochen.

Wir schweben im siebten Himmel und haben doch auch Verlustängste. Alte Kindheitswunden reißen wieder auf. Ob es nun Verlassenheitsängste oder der Verlust an Liebe war, verbunden mit der Scheu, sich im Kontakt frei und offen zu zeigen. Zurückgeblieben sind nicht nur Narben auf der Seele, sondern auch Löcher, die traumatische Ereignisse in der Kindheit unserer Seele gerissen und die eine Leere hinterlassen haben. Wenn wir dann mit unserem Liebsten oder unserer Liebsten zusammen sind, fühlen wir uns erfüllt. Wir fühlen uns anerkannt, weil eben diese andere Person uns anerkennt.

Obwohl wir alle mit vielen Löchern durchs Leben gehen, sind wir uns dessen meist nicht bewusst. Nur unsere permanent anwesenden Wünsche sind spürbar, und genau dieses ständige Wünschen lässt auf einen inneren Mangel schließen. Zwar hofft man, mit der Partnerschaft die Löcher irgendwie von außen zu stopfen. Aber eigentlich will man dem Schmerz und dem Mangelgefühl aus dem Weg gehen und versucht, beides im Vergnügen zu vergessen. Jetzt aber ist beides angerührt, das Himmelhochjauchzende und das Zutodebetrübte, das schon heimlich an der nächsten Ecke lauert. Aber wer will schon in der ersten Verliebtheit daran denken, dass eine gute Partnerschaft zum Nähren und gleichzeitig zum Wachsen da ist? Und wachsen tut bekanntlich weh. Wen kümmert das schon in der Zeit, in der man felsenfest davon überzeugt ist, dass einem alles gelingt und man nie und nimmer erwartet, dass der Höhenflug auch einmal enden wird? Wer braucht da schon Bewusstsein für sich selbst, wenn die Beziehung noch wie ein Traum ist?

Aber spätestens, wenn wir wieder auf dem Boden der Tatsachen gelandet sind, ist zu spüren – vielleicht noch etwas vage –, dass zu wachsen bedeutet, auch alte, eher hinderliche Muster zu überwinden. Sie stehen dann zwischen den Partnern und können Mitgefühl, Nähe und Wahrheit in der Beziehung verhindern. Beziehung wird dann zum „Lehrpfad", wenn man sich in einer authentischen Beziehung selbst versprochen hat, zu wachsen und sich durch und mit dem „Gegenüber" zu erkennen.

Transformation geschieht über das Erkennen der eigenen Verletzlichkeit. Diesen Urschmerz zu erfahren, der tief in uns verborgen ist, verschafft uns Zugang zu unserem inneren Kern. Bevor wir nicht zu unserer eigenen Verletzlichkeit vorgedrungen sind, sind wir in unseren Abwehrmechanismen gefangen. Erst wenn dieser Schritt in die eigene innere Tiefe vollzogen ist, sind wir in der Lage, unseren Partner mit anderen Augen zu sehen. Vorher belegen wir ihn entweder mit Wünschen und Illusionen oder werfen unsere vergangenen schmerzvollen Erfahrungen auf ihn und misstrauen ihm, ohne je in der Lage gewesen zu sein, ihn so zu sehen, wie er ist.

Jedes Paar hat seine eigene Beziehungsdynamik, aber man kann folgende „Typen" unterscheiden:

- Das „bequeme" Paar will keinen Streit. Es vermeidet es um jeden Preis, auch um den der Wahrheit, ein Risiko einzugehen. Sicherheit ist das oberste Gebot.
- Das „Konfliktpaar" liebt die Auseinandersetzung, sie brauchen sie wie die Luft zum Atmen. Ihre Methode ist der Kampf.
- Das „polarisierende" Paar hat klare Rollenvorgaben: Einer ist stark, einer schwach; einer ist abhängig, einer unabhängig.

Hinter jeder dieser Dynamiken steht die Strategie, zu überleben. Und jede Strategie hat sehr viel mit unseren verletzten und verletzlichen Gefühlen zu tun. Wenn man sich streitet, ist man polarisiert und fühlt sich allein (wenn es schlecht läuft). Und jede Verteidigung verweist immer auf die verletzten Gefühle. Die Wunden sind: Verlassenwerden oder Vereinnahmtwerden. Beides macht uns große Angst. In jeder Paarsituation muss man daher die zugrunde liegende Dynamik analysieren – nur dann kann man an die verletzten Gefühle herankommen.

In der Paarbeziehung führt der weibliche Anteil den Mann ständig in die dunkle Welt der Gefühle und emotionalen Verwicklungen, was in seiner natürlichen Psychologie ebenso unbequem ist, wie es für eine Katze unbequem ist, im Regen zu sein.

Die Frau fühlt sich hingegen vom Partner angetrieben, aktiv zu werden, und wehrt sich gegen Unabhängigkeit und Selbsterkenntnis. Sie zieht sich erst einmal in die innere Isolation zurück. Ihr wichtigstes Bedürfnis liegt darin, eine unbewusste Identifikation mit anderen zu leben. Die instinktive Neigung der inneren Frau zur Hingabe steht der männlichen Abgrenzung durch den eigenen Erfolg entgegen. Die Frau sieht sich aufgerufen, das Leben durch persönliche Beziehungen zu bereichern.

Die Dualität dieser inneren Archetypen von männlichen und weiblichen Anteilen steht fortwährend auf des Messers Schneide. Ohne sie gäbe es kein Wachstum. Verrückt, oder?

*Alles Liebe, **Anita***

Körperorientierte Therapieformen als Ausweg aus dem Dilemma

L iebe Oma Berta,
das Dachgeschoss mit vielen eigenen Erfahrungen lässt den Raum der Erkenntnis lichter und heller erscheinen. Hier sehe ich das Ergebnis der modernen Therapieformen als Bewusstseinsprozess in meinem Leben. Wachstumsorientierte Therapie konzentriert sich auf die Gesundheit und die Entwicklungsmöglichkeiten der Persönlichkeit. Unser erst einmal destruktives Verhalten ist die Einladung, nach den dahinterliegenden Motiven zu suchen. Weißt Du, ein guter Therapeut schafft durch seine mitfühlende, kompetente Art einen Rahmen, in dem Heilung geschehen kann. Meine therapeutischen Erfahrungen basieren auf gestalttherapeutischen Elementen und der Arbeit mit den „inneren Stimmen", dem sogenannten „Voice-Dialog". Innere Bezüge für das eigene innere Szenario werden über Bodenanker zu einer quasi „inneren Tafelrunde" aufgestellt. Du kannst Dir kaum vorstellen, wie entspannend es wirkt, wenn uns diese inneren Dialoge, die permanent in unserem Kopf ablaufen, bewusst werden. Sie setzen sich aus verinnerlichten, manchmal moralischen Stimmen von Autoritäten aus unserer Kinderzeit zusammen. Du erinnerst Dich? Als ich Dir von der Arbeit mit dem „inneren Kind" erzählt habe, habe ich Dir dieses therapeutische Handwerkszeug schon beschrieben. Die Bodenanker – beschriftete Blätter oder bunte Matten, auf die ich mich dann gestellt habe – machten mir deutlich, ob mein inneres Erleben mit meiner äußeren Situation in Einklang war. Gegensätzliche Tendenzen meiner inneren Stimmen, die in ihrer früheren kindlichen Schutzfunktion der Anpassung und Identifizierung stecken geblieben waren, werden in dieser Arbeit über bewusste Interaktion zwischen den unterschiedlichen Anteilen in heilsames Verstehen umgewandelt.

Ich weiß, dass alle inneren Stimmen – mein Antreiber, mein Kritiker oder mein Richter – erst einmal nur das Beste für mich wollen.

Ist man sich dieser Stimmen nicht bewusst, gibt es an der inneren Tafelrunde immer wieder einmal einen Machtkampf um das Kopfende. Erst wenn die Persönlichkeit sich selbstreflektiert in Frage stellen kann und bewusst selbst das Kopfende der inneren Tafelrunde besetzt hat, entsteht eine neue Sichtweise mit einem Paradigmenwechsel. Endlich ist bewusst jemand zu Hause, der entschieden die täglichen Entscheidungen der Persönlichkeit trifft.

Neben dem „Voice-Dialog" gibt es in der kreativen, systemischen Aufstellungsarbeit vielfältige Möglichkeiten, den inneren Nebel zu lichten. Durch Bodenanker, denen bestimmte Qualitäten bzw. Eigenschaften zugeordnet werden oder die stellvertretend für Personen, mit denen Du einen Konflikt hast in Form von Bodenankern liegen, gelingt es Dir die eigenen unbewussten Gefühle sichtbar und fühlbar werden zu lassen. Die Erkenntnisse, die aus der Körperintuition aufsteigen, sind wegweisend für die Wahrheit des Patienten. Diese Form der Wahrheit wird mit allen Sinnen wahrgenommen und integriert den vorher noch nicht erkannten Teil der Gefühle. Dieser Prozess wird als emotional erleichternd erlebt und verbindet das innere mit dem äußeren Erleben, das nun nicht mehr als gegensätzlich empfunden wird.

Die Entladung aus unserem Körper als „elektrische Energie" erfahren wir besonders in zwei Therapieformen. Die eine ist die craniosacrale Therapie, die über den ersten Puls des Lebens aus der Wirbelsäule, den inneren Organen, dem Kopf und dem Sacrum, dem unteren Teil der Wirbelsäule diese Welle freisetzt. Sie befreit alte, in traumatischen Mustern festgehaltene Energie durch zarte, unterstützende Berührungen. Auch die systemische Arbeit bringt manchmal Symptome der Entladung hervor. Eine andere Therapieform, die auch ohne bewussten Zugang zum Probleminhalt arbeiten kann, ist die „Traumatherapie". Mit einer besonderen Form der Pendelbewegung von positiven Ressourcen und dem Einbeziehen der Situation, die als erschreckend erlebt wurde, werden die im Körper unbewusst festgehaltenen Energien entladen. Das Gute dabei ist, dass es nicht notwendig ist, eine bewusste Erinnerung an das Geschehene zu haben. Die Entladung geschieht, indem der Körper aktiv mit einbezogen wird. Die abgekoppelte Energie entlädt sich dann mit einer von innen heraus kommenden Bewegung, wie leichtes bis starkes Zittern und Zucken der Arme, Beine, der Wirbelsäule und des Kopfes. Diese unwillkürlichen Bewegungen werden als natürlich und entlastend empfunden. Sie werden mit der Unterstützung des Therapeuten, der eventuell mit einer Berührung des Klienten den Sicherheitsrahmen hält, wieder mit unserem Bewusstsein verknüpft. Der abgespaltene, vorher im Trauma gebundene Teil steht uns wieder als Energiereservoir zur Verfügung. Das volle Potenzial macht uns erst zu kraftvollen, gesunden, lebensbejahenden Menschen.

Tolle Heilungsmöglichkeiten in der heutigen Zeit, findest Du nicht auch?

Kuss, **Anita**

Menschliche Beziehung als Königsweg der Erkenntnis

*L*iebe Oma Berta,
die Beziehung zwischen Mann und Frau ist das zentrale Thema in allen Kulturen dieser Welt. Sobald eine Beziehung scheitert, wird der Schmerz wie ein Loch gefühlt. Du kennst diesen Schmerz wahrscheinlich nur zu gut, wie ich vermute. Dein Ausweg war, ihn abzutrennen und Dich voll und ganz auf die Notwendigkeiten des Lebens zu konzentrieren – zumindest scheint es mir so, weil Du keine neue Beziehung zu einem Mann eingegangen bist. Ich erlebe heute jedoch oft, dass viele sich recht schnell auf die erneute oder sogar verbissene Suche nach dem Traumpartner machen. Sie vermissen das Gefühl, in Gedanken mit jemanden wortlos von Herz zu Herz zu kommunizieren. Aber etwas hatte sich in diese Herzenskommunikation bei der letzten Partnerschaft eingeschlichen, so dass die Verbindung abgebrochen wurde. Jetzt soll alles besser werden.

Warum wir immer wieder nach einem neuen, vermeintlichen Traumpartner suchen, erkläre ich mir damit, dass dieser dynamische Prozess, der außerhalb der Bewusstseinsschwelle liegt und zwischen zwei Menschen von Herz zu Herz angestrebt wird, nur durch die Liebe wieder erreicht werden kann. In jedem Moment des Lebens und besonders in den Momenten, in denen wir mit Menschen zusammen sind, entsteht eine einzigartige Mischung aus Gefühlen und Erinnerungen. Danach kann man fast süchtig werden. Besonders nach dem Gefühl der ersten Verliebtheit und der Aufregung mit dem Schmetterlingsgefühl im Bauch, weil sie so intensiv sind. Obwohl sich die Hormone nach gut sechs Wochen wieder beruhigen, hegen wir die Illusion, unsere Anfangsgefühle könnten ewig dauern. Aber nichts ist für die Ewigkeit, wie Du nur zu gut weißt: Mit der Zeit ebbt dieses Hochgefühl ab, und Mann und Frau erleben schon bald wieder die Schwierigkeiten der Zweisamkeit. Auch weil die begehrende Erregung im Kopf Kampfstoffe freisetzt, die der Chemie der Geborgenheit antagonistisch entgegenstehen. Das Gehirn kann so einen Zustand nicht lange aufrecht erhalten.

Verwirrend kommt noch hinzu, dass sich manchmal das Beziehungsmuster geändert hat: Der eine Partner, der das letzte Mal zu sehr geliebt hat und hinter dem anderen her gelaufen ist, ist jetzt in der neuen Beziehung der Begehrte oder die Begehrte. Ist das nicht toll, dass man Erfahrungen mal auf der einen und dann oft auf der anderen Seite macht? Nun gut, es ist auch anstrengend, weil man die Muster nicht gleich erkennt und ja eigentlich nur den ersehnten Gleichklang mit dem anderen finden möchte – aber so hat man die große Chance, sich der eigenen, innewohnenden Liebesfähigkeit bewusst zu werden. Aber unsere Träume und Illusionen sind wichtig – auch in der Paarbeziehung. Denn sie lassen uns Erfahrungen mit anderen machen, damit wir unserer eigenen Liebe trauen. Das ist keine besonders neue Erkenntnis, schon in den Upanischaden, die zwischen 700 und 200 v. Chr. entstanden, steht, dass unser Gehirn in der Vergangenheit lebt und aus diesen Bildern und Erfahrungen heraus mit einer Art Tunnelblick alle Menschen und Situationen betrachtet. Was dazu führt, dass jede Beziehung erst einmal ein Aufguss des Alten und Vertrauten ist.

Heute, viele Jahrtausende später, gibt es immer noch ganz wenige Menschen, die in der Lage sind, eine Täuschung der Sinne in ihren Gedankenmustern als solche zu erkennen. Wir glauben unserem Denken, das blitzschnell alte, schon erlebte Situationen mit der jetzigen Begegnung abgleicht und uns den Teilausschnitt als ganze Wahrheit präsentiert. Nur weil dieser Prozess unterbewusst abläuft, glauben wir, wir wären in der Lage, Menschen, die uns begegnen, oder eine Situation jungfräulich zu beurteilen. Dabei ist es ein komplizierter Vorgang, der nur dann effizient ist, wenn der Kopf mit dem Herzen kommuniziert. Was wohl einfacher ist, als es klingt: Im amerikanischen National Institute of Health haben Neurokardiologen herausgefunden, dass unsere Herzzellen zu 65 Prozent den Zellen im Gehirn gleichen, wir also so etwas wie ein Herzgehirn haben. Mich fasziniert das sehr – die graue, kühle Masse des Gehirns und das warme, rote Herz sind sich näher, als man gemeinhin so denkt! Und sie arbeiten Hand in Hand: Zuerst informiert das Gehirn das Herz über den allgemeinen emotionalen Zustand des Menschen, und das Herz ermutigt im Idealfall dann das Gehirn zu einer intelligenten Erwiderung. Das ist wichtig, gerade auch für unsere Beziehungen, egal ob die Beziehung zwischen Mann und Frau oder die zwischen Eltern und Kind. Michael Mendizza beschreibt in seinem Buch „Magical Parent – Magical Child", dass wir die Rückkopplung zwischen Herz und Hirn brauchen, damit wir Worte des Mitgefühls und der Liebe finden, die nicht zusammenhanglos gestammelt werden, sondern Ausdruck spürbarer Herzensintelligenz sind. Mendizza vertritt die These, dass sich unsere Kinder nur dann mitmenschlich, sozial entwickeln, wenn wir als Eltern unsere Herzensintelligenz unseren Kindern als Nährboden zur Verfügung stellen können. Dabei geht es nicht um das perfekte Kinderleben, sondern darum, dass Erwachsene durch Selbstreflektion und Arbeit mit der eigenen Charakterstruktur sich selbst respektieren lernen. Daraus ergibt sich dann ein respektvoller Umgang mit den Kindern. Gefordert ist also der Erwachsene, der sich täglich seiner Aufgabe um die eigene Herzensbildung stellen muss und damit für die Grundlage einer ehrlichen, echten Beziehungsfähigkeit sorgt.

In dieser Aufgabe ist der Erwachsene aufgefordert, den Mut zu entwickeln, immer wieder nach Lösungen in einem sich täglich erneut entfaltenden Beziehungskarussell zu suchen. Nie vergessend, dass Veränderung mit einem Risiko verbunden ist. Im günstigsten Fall hat der Erwachsene gelernt, Risiko als Chance zu sehen, sein Wachstumspotenzial einzuladen, um die bestmögliche Grundlage für alle nachfolgenden Generationen zu bereiten. Wir können das Leben nicht von seinen schicksalshaften Einschnitten befreien, aber uns täglich darum bemühen, unseren Kindern Vorbild zu sein. Ihnen vorzuleben, wie Schicksal bewältigt und die eigene Unzulänglichkeit, besonders in einer Krisensituation, durch Selbstreflektion verbessert werden kann. Der Königsweg hierzu ist die Liebe, auf dem der Mensch sich selbst nicht schont und dadurch vertrauenswürdig wird. Sich den Mut erwirbt, der die Angst überwindet. Sich dem Verdrängten stellt, so dass die Kinder an den Eltern hautnah erleben, dass ihre Eltern das leben, was sie sagen, und dadurch glaubwürdig sind. In der Erfahrung mit den eigenen Ressourcen sind Eltern für ihre Kinder Mutmacher. Durch diesen Mut erleben sie gemeinsam, wie sie lösungsorientiert die angstmachenden Muster im eigenen System, geprägt von den ersten traumatischen Erlebnissen, mit neuen positiven Erfahrungen austauschen. Na, und was für die Beziehung Eltern–Kind gilt, gilt natürlich auch für die zwischen Mann und Frau.

Von der erwartungsvollen Kinderliebe zur ebenbürtigen Liebe

Solange verlangende Kinderliebe unser Leben bestimmt, sind wir innerlich blind, können wir den Königsweg in der Beziehung nicht finden. Wenn sich unser inneres Auge der Einsicht noch nicht geöffnet hat, werden wir das Misslingen einer Situation zunächst auf die anderen projizieren. Wir sind im Außen und abgetrennt von unserer Kraft und unserem Herzen, daher erleben wir uns als Opfer der Umstände. Dabei weist uns alles, was uns so richtig aufregt und in Fahrt bringt, auf einen ungelösten, nach außen projizierten Konflikt hin, der darauf wartet, auftauchen zu dürfen. Der innere Konflikt ist manchmal so heimlich, dass es uns unheimlich werden könnte. Erst das Mitgefühl für uns selbst erlöst den damit verbundenen Schmerz. Die Tränen öffnen das Auge, das ins Innere schaut, und lüften den Schleier der Heimlichkeit. Aber der Anfang des Weges beginnt bei uns allen mit einem Gegenüber als Projektionsfläche, egal ob im Privaten als Partner oder im Beruf als Kollege. Fies, aber so gelingt es der Persönlichkeit, die eigene, unbewusste Struktur überhaupt zu entdecken. Die Liebe zu sich selbst und zu unserem Partner gibt dann die Möglichkeit, uns selbst zu hinterfragen, unsere Muster zu ändern, obwohl wir meist erst nach dem dritten oder vierten Partner stutzig werden, weil sich das Muster wiederholt hat.

Kennst Du, liebe Oma, eigentlich das Dilemma, in das die Paarbeziehung durch Projektionen und Übertragungen gerät? Was die eigene Persönlichkeit entlasten sollte, in der Hoffnung, einen Blick in die innere Seelenwelt oder die des Partners zu werfen, endet oft im Chaos der Gefühle. Verwirrung macht sich breit. Ärgerlicherweise kam zu unserer eigenen unbewussten Konditionierung auch noch die des Partners dazu.

Du fragst Dich jetzt sicher, wie bei all dem Chaos Beziehung dann zum Königsweg werden kann. Man will Irrwege vermeiden und merkt am Ende des Tunnels endlich, dass man trotz guten Willens als Paar an die Grenzen des respektvollen Verhaltens gestoßen ist. Jedes Wort verkommt zur Zündschnur und rührt an dem bis dahin verschnürten Päckchen der eigenen Verletzung. Im kindlichen Teil stecken geblieben zerstreitet das Paar sich häufig so sehr, dass sie keinerlei sachliche Gespräche mehr führen können. Manchmal merkt es einer von ihnen oder auch beide, und sie erkennen erschrocken, in ihrem immer größer werdenden Abstand, dass sie sich nicht verlieren wollen. Zu Deiner Zeit lebten Paare dann meist nebeneinander her (na ja, das tun heute auch noch viele oder sie lassen sich einfach scheiden), aber diese verfahrene Situation ist eine Chance, sich Hilfe zu holen. Heute gibt es Therapeuten oder Eheberater, bei denen Paare wieder lernen, ein respektvolles, ehrliches Feedback zu geben. Oft sind sie dann an einem Punkt, an dem sie nichts mehr zu verlieren haben. Vorher war das Feedback, wenn es überhaupt gegeben wurde, ein eher vorwurfsvolles oder anspruchsvolles Gespräch. Es hat meist geradewegs zum Misslingen der Kommunikation und zu Missverständnissen geführt. Der Verlassenheitsschmerz und die Angst des alten Kinderschmerzes, die sich in die Partnerschaft eingeschlichen haben, sollen schnellstmöglich wieder verschwinden. Ist dann nur einer der Partner hochmotiviert, die Beziehung zu erhalten, reicht es auf Dauer oft nicht für beide. Aber wenn Bewegung in die stagnierende Beziehung kommt, ist es gut – auch wenn nur einer damit beginnt, eine Antwort auf das Gefühlschaos zu finden. Im Zusammenleben waren unbewusst alle schmerzlichen Erfahrungen der Kindheit von der Angst vor dem Verlassenwerden aktiviert worden, wie auch das andere Kindergefühl, vereinnahmt oder überrollt zu werden. Mithilfe des Therapeuten ist das Paar aufgefordert hinzuschauen, ob beide bereit sind, die Beziehung wirklich mit aller Kraft weiterzuführen.

Aus dieser Kraft fällt eine Entscheidung, die nichts mehr mit der romantischen Zustimmung zu einer Hochzeit oder dem Gefühlshoch der ersten Verliebtheit in der Partnerschaft zu tun hat, sondern die-

se Entscheidung fällt in dem Bewusstsein, dass sie sich den aufge-
tauchten Schwierigkeiten stellen wollen. Die bewusste Entscheidung
stärkt ungemein die Partnerschaft, im Idealfall stimmen beide einem
Neuanfang mit allen Konsequenzen zu. Das ist natürlich nicht einfach.
Und deshalb sind die meisten der Meinung, dass solche Erfahrungen
und eine Krise strikt vermieden werden müssen. Paare aber, die diese Hürde gemeistert haben, versichern, dass sie im Nachhinein eine
ehrlichere, lebendigere und bewusstere Beziehung führen.

Das kann der Anfang zum Königsweg der Beziehung sein: aus
der gegenseitig abhängigen Liebe heraus in den streitbaren Be-
ziehungskampf auf sich selbst wieder zurückgeworfen zu werden.
Sich in dieser ernüchternden Situation endlich an die eigene Kraft
und die eigenen Ressourcen zu erinnern, um aus einer neu gewonnenen Integrität die eigene Individualität zu entwickeln. Aus dieser
Möglichkeit, sich selbst zu erfüllen, kann es viel leichter gelingen,
auf die Kraft des Partners zu vertrauen. Nur aus dieser gesunden
Distanz kann die Integrität des Partners gewürdigt werden. Die
Angst, verlassen zu werden, entfällt, da jeder allein stehen kann.
Der Erwachsene in mir ist dann kraftvoll genug, das Risiko der Reifung einzugehen. Besonders das vorher vermiedene Risiko, alles auf
den Tisch zu legen und sich ehrlich mit seinen Gefühlen zu zeigen.
Als ebenbürtiger Partner wird jeder für einen gemäßen Ausgleich
innerhalb der Beziehung sorgen. Wenn zum Beispiel in Patchwork-
Familien eine Frau mit drei Kindern aus der ersten Ehe kommt, muss
sie selbst für einen Ausgleich beim neuen Partner sorgen, der dann
das Aufziehen der drei fremden Kinder mitträgt. Ihre Aufgabe ist es
dann, in irgendeiner Weise für den finanziellen Ausgleich zu sorgen.
Ansonsten geht ihre Ebenbürtigkeit dem neuen Partner gegenüber
verloren, und sie wird erneut von einem Partner abhängig. Wenn ein
Mann studiert und die Frau allein für den Lebensunterhalt sorgt, hat
der Arbeitende erst einmal mehr auf die Beziehungswaagschale gelegt. Dann kann der Mann danach sagen: „Jetzt kannst du dir eine
Auszeit nehmen und ich sorge für den Lebensunterhalt." Das System
des Ausgleichs wird sehr unterschätzt und führt bei vielen Ehen zu
unterschwelligen Machtkämpfen, wenn einer das Gefühl hat, er hat

mehr in die Beziehung hineingegeben als der andere.

Aber nur aus der Ebenbürtigkeit ergibt sich eine Kultur der Auseinandersetzung, die die eigenen Grenzen und die des Partners aufzeigt. Nur durch die Integrität der Gefühle ergibt sich eine innere Sicherheit, um sich aufrichtig in seiner Liebe, aber auch ehrlich in seinen Ängsten und damit in seinem eigenen Licht und Schatten zu zeigen. Das ist es, was beide stärkt.

Im Vorfeld gibt es selbst in recht harmonischen Beziehungen grundlegende Missverständnisse zwischen männlicher und weiblicher Auffassung, was in der Beziehung Priorität hat. Der Mann stellt in der Beziehung den Respekt in den Vordergrund, die Frau stellt die Liebe an die erste Stelle ihres Wertesystems, und daher mangelt es ihr manchmal an Respekt für den Mann und seinen authentischen Emotionen. Selbst wenn beide die Beziehung wollen, gehen sie sie mit unterschiedlichen Voraussetzungen an. Für den Mann klingt es dann wie Chinesisch, wenn die Frau so etwas sagt wie: „Ich will von dir gesehen werden." Er denkt dann: „Ich weiß nicht, was sie will, ich sehe sie doch!" Meist will sie eigentlich nur für ihre unsichtbaren Qualitäten anerkannt und gelobt werden. Will eine Bestätigung für etwas, was sie sich selbst noch nicht gegeben hat, und hätte es gerne vorab schon einmal von ihrem Mann. Er hat nur Fragezeichen im Kopf, denn für ihn reicht es, dass er sie respektiert. Er grübelt nach, was sie meinen könnte, ist im Kopf und trifft damit nicht seine Frau, die ihn in seinem Herzen erreichen wollte und von Respekt erst in zweiter Instanz hören wollte. Sie wollte einfach nur hören: „Ich liebe dich mit all deinen inneren und äußeren Qualitäten." Darauf muss der Mann aber erst einmal kommen.

Da sich Herz und Kopf bei vielen Paaren aus diesem Grund nicht häufig treffen, ist es für den Königsweg der Beziehung wichtig, nachzufragen und genau hinzuhören. Beide müssen lernen, die Verantwortung für ihre Wünsche und Bedürfnisse zu übernehmen. Gegenseitig können die Wünsche mitgeteilt werden, ohne dass der andere verpflichtet ist, die Wünsche zu erfüllen. Jeder übernimmt die Verantwortung für seine Bedürfnisse. Wenn beide die Beziehung von ganzem Herzen wollen, achtet jeder für sich alleine darauf, sich um sich selbst zu kümmern, so dass er für den anderen erfüllt und somit begehrenswert ist. Er oder sie ist für den anderen da, wenn er Hilfe braucht, geht aber wieder zu seiner inneren Mitte zurück, wenn die Arbeit getan ist und keine Hilfe mehr gebraucht wird. Beide lernen mit der Zeit, einander zu schätzen und sich mit dieser respektvollen, achtsamen Haltung erneut kennenzulernen, dabei die Grenzen zu achten, ohne die eigenen zu vergessen. Liebe ist dann das Ergebnis von Achtung und Respekt füreinander. Vereinbarungen, wie das gemeinsame Leben gestaltet werden soll, werden eingehalten aus Respekt vor sich, vor dem anderen und vor der Beziehung.

Klingt ganz schön nüchtern, nicht wahr? Und ich bin ziemlich viele Umwege gegangen, bis ich erkennen konnte, dass die Liebe auf diese Weise tiefer wird. Aber findest Du nicht auch, dass dies Trost und Hoffnung in der Partnerschaft ist, vor allen Dingen die greifbare Möglichkeit, sich gegenseitig zu nähren? Dass es ein Ausweg aus der unverbindlichen und dadurch sinnentleerten, eher materiellen Welt ist? In ein verbindliches, sinnvolles, selbstverantwortliches Leben? Menschliche Beziehung ist dann Austausch und wird von Neuem und Überraschendem bereichert. Die Angst entfällt, sich gegen das Fremde im Partner wehren zu müssen und bis zu den Zähnen bewaffnet etwas zu vernichten, was sich im entspannten Zustand als abenteuerlich und bereichernd erweist.

Körperliche Nähe ist dann Ausdruck der Liebe und kein Selbstzweck. Sie dient der echten seelischen Verbindung einer Beziehung. Die Träume von der Zukunft sind mit dem Partner oder der Partnerin verbunden. Beide sollten diesen Traum haben, und es sollte sich richtig anfühlen, wenn nicht, hat man jetzt sogar die Kraft, ihn oder sie in Frieden loszulassen. In dieser Ehrlichkeit entfaltet sich das menschliche Potenzial in Liebe, Erkenntnis und Wahrheit. Aus dieser Liebe heraus können sich Partner aus tiefstem Herzen und ohne Einschränkung sagen: „Es gibt keinen einzigen Menschen auf der Welt, der die Liebe mehr verdient als du." Ein langer Weg in die eigene Wahrhaftigkeit und aus der Illusion, der andere wäre für mein Glück verantwortlich. Mir ist heute bewusst, dass dies der Herzensmoment ist, in dem ein Partner oder eine Partnerin zum ersten Mal wirklich eine verlässliche Beziehung eingehen können.

Kein Verstecken, keine Lügen. Liebe mit gesundem Feedback aus der Perspektive des eigenen inneren Erlebens ohne Vorwurf und Anklage, und das nur, indem beschrieben wird, was gerade in einem geschieht. Dabei hilft in einem Paargespräch folgende Formel in den persönlichen Sprachgebrauch zu übernehmen und zu sagen: „Da ist eine Frau (oder ein Mann), die (oder der) fühlt sich ..." In dieser Form können Paare miteinander kommunizieren, als würden sie sich eine Geschichte erzählen und ohne sich gegenseitig zu verletzen. Die Erkenntnis aus einem solchen Dialog ermöglicht uns eine immer tiefere Einsicht und ein entspanntes und würdevolles Miteinander, dem Königsweg der Beziehung.

Tolle Beziehungsaussichten, nicht wahr?

Fühl Dich gedrückt,

Anita

Beziehungsfähigkeit aus neurobiologischer Sicht

L iebe Oma Berta,
wenn eher herzorientiert, will dennoch mein innerer wissenschaftlicher Teil auch genährt werden – und wird fündig in Büchern von Joseph Chilton Pearce. Er schreibt in seinem Buch „Der nächste Schritt der Menschheit" über die Entfaltung des menschlichen Potenzials. Aus seiner neurobiologischen Sicht vermittelt er mir einen anderen Einblick in das komplizierte System unserer Beziehungsreaktionen, was ja unbedingt mein Thema ist.

Er sagt: „Das Leben wird gespeist durch eine universelle Quellsuppe, die aus der Erfahrung des jeweiligen Menschen und der kulturellen und familiären Quellsuppe schöpft. Je komplexer eine Gehirnstruktur, umso mehr kann der Mensch aus dem universellen Anteil aller gedachten Gedanken schöpfen." Es lohnt sich also, die eigene Intelligenz und besonders die Herzensintelligenz zu entwickeln, um aus dem Ozean der Gedankenfelder, die mich unsichtbar umgeben, schöpfen zu können.

Ist die Erfahrung des Menschen durch Schock und Trauma eingeschränkt, kann man nur zu einem ganz kleinen Teil aus diesem Ozean schöpfen, weil man in seinem System hauptsächlich eine Überlebensstrategie gespeichert hat. Das macht unfähig, sich über eine längere Zeit mit einem Partner auseinanderzusetzen.

Obwohl wir über komplexe Wissensfelder in uns verfügen und auch Zugang zu den Wissensfeldern um uns herum haben, belegen zeitgenössische Forschungen, dass der größte Teil unserer gelebten Erfahrungen von unseren primitiven Gehirnen gespeist werden: dem Stammhirn und dem alten limbischen System. Das limbische, umhüllende System ist der Sitz von Emotionen, Gedächtnis, Bezogenheit, Bindung und „persönlichem Ego". Durch Traumatisierung wird die Bindungsfähigkeit gestört, und die Fähigkeit zu sozial gesunden Kontakten eingeschränkt.

Segen oder Fluch ist, dass der Ausdruck unserer individuellen Erfahrung nicht verloren geht. Er speist sich wieder in das allgemeine Wissensfeld ein. Neue Erfahrungen erweitern unsere gedanklichen

Einbahnstraßen, die uns wegen des eingeschränkten Blickwinkels auf eine Situation leicht zu Rechthaberei verleiten. Durch neue Erfahrungen können alte Bilder durch neue ersetzt werden. Neue Erfahrungen erweitern unser Handlungsspektrum. Wir können uns zwischen verschiedenen, neu hinzu gekommenen Handlungsweisen entscheiden. Das ist ein permanenter, kreativer Prozess, der auch unser Wissen verändert, das wir über Partnerschaft und Beziehung haben. Seit Jahrtausenden sind Menschen auf ein Gegenüber angewiesen, besonders auf wache helle Leuchten, die uns als Wesen möglichst in unserer virtuellen, neu zu erfahrenden Komplexität spiegeln. Das haben jedenfalls die Forschungen von David Bohm und F. David Peat ergeben (morphogenetisches Feld).

Augenblick für Augenblick werten wir unsere inneren und auch äußeren Wissensfelder aus und bilden daraus unsere Realität. So hatten die Indianer, als Columbus landete, für das große Schiff des Columbus kein Bild und konnten die Ankommenden erst erkennen, als sie sich in kleineren Booten befanden. Man sagt, dass wir ohne Vorlage in unserem Gedächtnis nur pixelförmige Gebilde sehen. Vielleicht haben wir deshalb noch keine außerirdischen Wesen erkennen können, weil in unserem Wissensfeld so ein Bild nicht existiert. Für Beziehungen bedeutet dies: Wer nie eine gute, verlässliche Beziehung in seinem Leben hatte, kann dann auch aus eigener Erfahrung kein Bild davon haben. Er braucht therapeutische Unterstützung, um sich ein Bild machen zu können oder seinem Körpergefühl wieder zu vertrauen, um zu wissen, was einen Menschen nährt.

Sukzessive wird aus dem zerrissenen, unklaren Bild eine begreifbare und zu erfühlende Vorstellung, die ihm hilft, die traumatische Erinnerung bewusst als Erinnerung und somit als Vergangenes zu erkennen. Auf diesem Weg entdeckt dieser Mensch vielleicht in seinem Wissensfeld, dass nicht nur Vater und Mutter, sondern auch Oma und Opa oder auch eine andere Person für ihn eine verlässliche Bezugsperson waren. Dadurch öffnet sich endlich die innere Tür für das Beziehungsfeld. Einfühlsam vermittelt vielleicht ein Freund oder auch ein Therapeut ganz sanft und vorsichtig, dass er jetzt hier sitzt und die Situation, auch wenn sie nicht so einfach war, gemeistert hat. Wenn er sich dann vielleicht die Frage stellt, ob eine schwierige Situation ihn gestärkt oder geschwächt hat, ist schon ein großer Schritt in Richtung Heilung gemacht. Ein überstandenes Trauma kann letztendlich zu einer Quelle der Kraft werden, weil diese spezielle Erfahrung in dieser Form nur für den vorher Traumatisierten zugänglich ist.

Archetypische Wissensfelder zapfen wir oft unbewusst an. Meditation und Kontemplation helfen uns, an diesen Wissensfeldern teilzuhaben. Je weiter unser Blick für andere Traditionen und Völker ist, umso größer wird unser Bild für die Erfahrung mit der Welt. Durch tägliches, meditatives Üben gelingt es, sich das Wissensfeld der jahrtausendelangen Tradition der Meditierenden zu erschließen.

Es war am Anfang für mich leichter gesagt als getan, die vielen Gedanken durch meinen Kopf ziehen zu lassen wie Wolken am Himmel. Mit der Zeit lernte ich zu beobachten, zuerst meine Gedanken und dann mich selbst, während ich handelte. Einblick nach innen und nach außen; Anfang meines spirituellen Weges mit dem Namen Deva Vanshi – göttliche Flöte. Visionspunkt, der in der Zukunft liegt und mich darauf ausrichtet, einmal meinen eigenen Ton zu finden und vielleicht sogar eine Melodie. Gleichzeitig bodenständig von dieser Welt zu sein und bereit, jederzeit das loszulassen, was meine Melodie verstummen ließe.

Seitdem übe ich täglich diese innere Versenkung. Dann macht sich hin und wieder die Leere der Gedanken breit. Die Auswirkung auf mein tägliches Leben ist viel größer als erwartet. Über die Versenkung breitet sich erst Stille aus, verbunden mit einer Akzeptanz für das Leben, so wie es ist. Vergangenheit ist endlich vergangen, und das Leben gleichzeitig von der Lebendigkeit der Gegenwart durchdrungen. Herzensqualität zeigt sich dann in der ungeteilten, vom Herzen gebündelten Aufmerksamkeit. Achtsamkeit und Ehrfurcht wird alltäglicher Begleiter. Beziehung wird dann nicht nur aus neurobiologischer Sicht über die Spiegelung der Spiegelneuronen ein zwischenmenschliches Geschehen, sondern die Herzensintelligenz und -beziehungen erschaffen sich aus mitfühlender Achtsamkeit.

Für mich war der ständige Austausch zwischen innerer Wahrhaftigkeit und menschlicher äußerer Begegnung der Ausweg aus der sinnentleerten, materiellen Welt in ein sinnvolles, selbstverantwortliches Leben. Wie viel Macht wir unserem Denken einräumen, erscheint nahezu lächerlich, wenn wir bei Josef Chilton Pearce lesen, dass unser Großhirn, dieses riesige Neuhirn, nur „periphere Kalkulationsverbesserungen" zu unseren vorhandenen Informationen hinzufügt. Es erschreckt mich geradezu, wenn ich bedenke, welch großen Spielraum wir der Ratio einräumen. Ob Mythos oder nicht, es besteht nach wie vor die wachsende Überzeugung, dass wir nur 10 Prozent unseres Großhirns nutzen.

Wie wenig kalkulierendes Großhirn wir brauchen, um uns aktiv am Leben zu beteiligen, scheint mir auch die Geschichte einer vierundneunzigjährigen Nonne zu belegen: Diese Nonne nahm bis zu ihrem Todestag lebhaft und intensiv am Klosterleben teil. Nach ihrem Tod sezierten die Ärzte aus irgendeinem Grund ihr Gehirn und stellten Alzheimer in fortgeschrittenem Stadium fest. Alle, die sie kannten, waren sehr erstaunt, da sie während ihres Leben keinerlei Symptome der Krankheit feststellten. Heißt das nicht möglicherweise, dass wir nur einen Bruchteil unseres Gehirns benötigen, um ein erfülltes, herzliches Leben zu leben? Da scheint mir viel wichtiger zu sein, dass wir den Zugang zu unserem Herzen und unserer Seele gefunden haben und somit aus der uns umgebenden, verbindenden Quellsuppe der menschlichen Gemeinschaft, wie sie Paerce nennt, schöpfen können.

Wissenschaftlich beweisbar ist bis jetzt nur, dass noch ein großer Entwicklungsspielraum für unser Denken bereitsteht. Die Frage erübrigt sich, ob die Menschheit ihre Hirnkapazität weiterentwickeln soll oder ob es wünschenswert wäre, eine größere Herzenskapazität in der Paarbeziehung und in der Eltern-Kind-Beziehung zu kultivieren. Ich finde, Wissenschaft ohne Herz ist seelenlos und wurde auch für materielle Zwecke oft gnadenlos ausgenutzt. Demzufolge steht die Entwicklung der Herzqualität für mich über der Entwicklung der Gehirnkapazität. Selbst verkopfte Menschen haben mir bestätigt, dass sie die wichtigen Entscheidungen ihres Lebens aus dem Herzen in Beziehung mit dem Bauch getroffen haben, und damit ein erfüllteres Leben führen konnten.

Ich liebe es, mit hellen Köpfen und Herzen zusammen zu sein und mich dem Risiko und der Chance eines ehrlichen Feedbacks auszusetzen. Mag der Wind auch einmal zum Sturm des Bewusstseins werden, so dass sich der Sturm der Erkenntnis hin und wieder einmal im Dachgebälk meines inneren Hauses verfängt. Erfreulich stürmische Zeiten, wenn mein Gegenüber mir hin und wieder drastisch oder auch liebevoll spiegelt, das war dein altes Helfer-Muster. Frei nach dem Motto des Samariterliedes von Dr. Sprenger: „Bitte hilf mir nicht, es ist auch so schon schwer genug." Ich muss dann lachen und sehe darin eine gute Chance, mich, obwohl meine Hilfe abgelehnt wird, wertvoll und entspannt zu fühlen. Im gesunden Maße desillusioniert, geht mir sozusagen das Licht der Erkenntnis auf.

Mir ist es nicht wichtig, wo das Zentrum meines Ichs oder der Persönlichkeit sitzt. Für mich ist die Verbindung zwischen Kopfgehirn und Herzgehirn, den Zellen, die ähnlich wie das Gehirn funktionieren, Ausdruck des wahren Menschseins. Allein auf mein Gehirn vertrauend, würden ich nur mit zusammenhängenden Bildern aus der Vergangenheit beliefert werden und mit den dürftigen Bildern, die mein Gehirn aufgrund früherer Erfahrungen als „Ich" gespeichert hat. Heute weiß ich, dass ich mich dann nur über einen Bruchteil meiner Erinnerungen identifizieren und definieren würde. Das ist, als ob ich die kleine aus dem Wasser ragende Spitze des Eisbergs als den ganzen Eisberg ansehen und meine Möglichkeiten der Entwicklung verneinen würde, die unter dem Wasserspiegel liegt.

Die Spitze des Eisbergs ist die eher unbedeutende Egostruktur, die sich aus der Reflektion abhängig von unserem schicksalhaften Umfeld entwickelt hat. Die Spiegelung der Identität wurde also grundsätzlich von der Umgebung gebildet und färbt sich in der Weise, wie wir uns emotional an bestimmte Situationen erinnern. Offensichtlich wird durch diese Außenwahrnehmung ein verzerrtes Bild der Persönlichkeit geprägt, das somit nicht wirklich etwas mit unserer Identität zu tun hat. Es gilt, im Erwachsendasein so viel Bewusstheit über die eigene Konditionierung zu erlangen, dass wir in unserem Inneren einen Standpunkt finden, von dem aus wir beobachten können, wer wir sind, unabhängig von dem, was uns gespiegelt wird.

Für unseren Verstand sind wir nur die Spiegelung und damit ein Abbild von außen. Unsere Spiegelung kann immer nur so gut sein wie unsere Umgebung. Der Königsweg der Beziehung ist die gemeinsame Entdeckung unseres wirklichen Wesens. Bedingungslose Liebe für uns selbst und unser Gegenüber erlaubt uns, mit unseren blinden Flecken da zu sein. Gemeinsam können wir uns dann durch Selbstreflektion und Einsicht über diese alten Wunden hinaus entwickeln.

Unter diesen Voraussetzungen fühlt sich jeder verpflichtet, sich dem anderen gegenüber ehrlich und mitfühlend zu verhalten. Die Verletzungen, die aus dem blinden Fleck der Konditionierung heraus geschehen, kann er oder sie dann erkennen. Wenn der Partner ihm dieses blinde Verhalten spiegelt, wird es nicht mehr geleugnet. Daraus entsteht wahres inneres Wachstum. Sich aus dem Gefängnis der Angst zu befreien und sich der Liebe und dem Mitgefühl in jeder Minute seines Leben so gut wie möglich zu öffnen, erlaubt ein entspanntes, lichtvolles Dasein.

Gemeinsam können wir uns unserem ursprünglichen Licht nähern, auch wenn wir in unserem menschlichen Dasein meist nur die gedimmte Version unseres Selbsts sein werden, ist der Weg der Beziehung lohnend.

Alles Liebe

Deva Vanshi

Versprechen und verbindliche Vereinbarungen

*L*iebe Oma Berta,

Verlobungsversprechen und Gelöbnisse sind rituelle Handlungen, die es schon seit Jahrtausenden gibt. Sie sollen tief in unserem Bewusstsein die Ernsthaftigkeit verankern, von der erhofft wird, dass wir uns an solche Versprechen gebunden fühlen und ihnen folgen.

Obwohl es vorbereitende Hochzeitsgespräche mit dem Pfarrer gibt, erreicht dieses Gespräch meist nur die Oberfläche unseres Bewusstseins, und gleichzeitig dringt es in unser Unbewusstes mit all unseren Kinderängsten, überrollt und vereinnahmt zu werden, vor. Während des Gesprächs oder kurz danach setzen vielleicht unerwartete, innere Fluchttendenzen ein und das, obwohl man sich sicher schien und jahrelang zusammengelebt hat. Warum gerade jetzt, wo man sich entschieden hat, sich endlich zu „trauen"? „Bis dass der Tod euch scheidet", wie es in der christlichen Zeremonie heißt, weckt Ängste, aktiviert alte Bilder des Ausgeliefertseins und versetzt unseren Körper plötzlich in Angst und Panik. Die Amygdala, unser Feuermelder, lässt die Sirenen heulen, unser Abwehrsystem, das uns im Unverbindlichen gehalten hat, lässt alle Alarmsignale auf Rot schalten. Impulse, die uns unvermittelt jagen, ohne dass wir wissen, was zu tun ist. Warum ausgerechnet jetzt und nicht wie im normalen Alltag, in dem wir darauf vertrauen können, dass wir nur zu einer bestimmten Zahl von Erinnerungsbildern Zugang haben? Was geschieht nur, dass wir durch ein Versprechen unseren relativ ausgeglichenen emotionalen Zustand verloren haben? Dass unsere inneren Sicherheitssysteme plötzlich Gefahr wittern? Hat nur der Gedanke an die Bindung auf „ewig" bestimmte Erinnerungsbilder ausgelöst, von deren Intensität wir häufig nichts wissen? Ganz unvermutet wurde in uns etwas aktiviert, das unsere Erinnerungsbilder der Vergangenheit mit unseren Vorstellungen von der Zukunft abgleicht und vor drohendem Freiheitsverlust warnt.

Diese Erkenntnisse präsentiert uns unser System in einer Geschwindigkeit von mehr als 400 Stundenkilometern. Während unser Körper das dringende Bedürfnis nach Flucht empfindet, reguliert der Verstand diesen Impuls und der Mensch bleibt stehen und antwortet verbal im Hochzeitsritual mit einem „Ja, ich will", aber alle unerlösten, unverbindlichen Abwehrstrategien schreien: „Nein!" In diesem Dilemma aus willentlichem „Ja" und unbewusstem „Nein" stecken alle Menschen – die Beschämten, Überrollten und Vereinnahmten. Sie sind ihren Abwehrmechanismen ausgeliefert und scheuen die Verbindlichkeit wie der Teufel das Weihwasser.

In der buddhistischen Zeremonie der Zen-Hochzeit wird eine andere Form von Gelöbnis vollzogen. Jeder Partner bekundet einfach, dass er Achtsamkeit und Herzenswärme üben wird. Man gibt sich selbst das Versprechen, dadurch wird die Verantwortung für das eigene Verhalten und die Selbstreflektion in den Vordergrund gestellt. Dieses Gelöbnis kommt weniger aus dem Geist als aus dem Herzen; es ist eher eine Vereinbarung, die man mit sich selbst trifft.

Der Priester sagt: „Gebt eure eigene, kleine Persönlichkeit auf und nehmt Zuflucht zueinander. Wahrhaftig Zuflucht zueinander zu nehmen bedeutet, dass ihr Zuflucht nehmt zu allen Dingen. Und dies heißt, zusammen zu leben und zusammen zu praktizieren." *In der buddhistischen Philosophie heißt dies auch, zusammen zu meditieren. Sich zusammen in Meditation zu begeben heißt, die Gedankenströme und den Rhythmus zweier Menschen durch Meditation gemeinsam zu koordinieren. Es bedarf nur der „stillen Zeit", nebeneinander ohne Worte zu sitzen, sich ganz in sich versinken zu lassen. Mit der Zeit verbinden sich die Atemrhythmen ohne Zutun und die Herzen schlagen durch das Resonanzprinzip im Gleichklang. Die elektrischen Impulse verbinden das Energiefeld und treten so in Interaktion mit dem Partner und dem Umfeld, was zur Folge hat, dass in dieser Verbindung die Seele nicht nur von der eigenen Geschichte beeinflusst wird, sondern die Liebenden sich wortlos auf einer tieferen Ebene austauschen.*

Vereinbarungen, die aus dieser gesammelten Achtsamkeit heraus geschehen, tragen wie selbstverständlich das Gelöbnis in sich: „Das geheime Herz des anderen niemals zu verletzen oder preiszugeben." Das heißt, es werden keine Geheimnisse ausgeplaudert, die die sexuelle oder auch die Herzensintimität des Paares betreffen, auch wenn das Paar nicht mehr zusammen ist. Diese Vereinbarung setzt Herzensgüte und Entschlossenheit für die Beziehung voraus.

Vereinbarungen sind die Grundlage einer guten Beziehung. An ihnen kann der Partner festmachen, ob die gemeinsam erarbeiteten Regeln für die unterschiedlichen Bedürfnisse von beiden getragen werden. Unverbindliche sagen ja zu den Vereinbarungen, aber sie boykottieren sie heimlich und fühlen sich noch nicht einmal für diesen Verrat verantwortlich. Verbindlichkeit macht frei, weil Regeln, die eingehalten werden, entspannend wirken. Denn der Rahmen, in dem Beziehung gelingt, ist gemeinsam abgesprochen und wird von beiden getragen. Es fordert von beiden Partnern immer wieder Zugeständnisse und leichten Verzicht, um auf einen gemeinsamen Nenner zu kommen. Diese Zugeständnisse sind gleichzeitig das Bekenntnis, die Beziehung gemeinsam unter den gegebenen Umständen fortzuführen. Ehrliche Verbindlichkeit ist Zustimmung zur Liebe in Respekt und Achtung vor dem Schicksalsweg des anderen.

Fühl Dich gedrückt,

Deva Vanshi

Romantische Liebe in der Vergangenheit

*L*iebe Oma Berta,
Du hast mir in vielen Märchen von der Liebe zwischen Prinz und Prinzessin erzählt, aber wie Du zur romantischen Liebe gestanden hast, habe ich nie ganz begriffen. Bei mir stand die romantische Liebe immer hoch im Kurs und war für mich besonders faszinierend, wenn sie unerfüllt blieb.

Daher las ich als Teenager am liebsten dramatische Romanzen wie „Romeo und Julia" oder „Tristan und Isolde", bei denen die Liebenden sich erst im Tode vereinigen konnten. Liegt die besondere Faszination an diesen Tragödien für mich in der Treue der Liebe, die sogar über den Tod hinaus reicht? Oder fasziniert mich die Ausschließlichkeit dieser Liebe und dass sich Mann und Frau zu dieser Zeit noch viel mehr gebraucht zu haben scheinen?

Aus Geschichten weiß ich, dass die Minnezeit zwischen Männern und Frauen als romantische Epoche mit schwärmerischen Liedern für die Angebetete galt. Obwohl es zwischen der Derbheit der Jahrmärkte und dem höfischen Leben viele Widersprüche gab, wollen wir heute nur allzu gern glauben, dass es für die meisten Ritter Lebensaufgabe war, als Held Unrecht von Frauen und Kindern fernzuhalten. Die raue Zeit bedingte wohl, dass sich Männer aufgerufen fühlten, ihre männliche Ehre zu beweisen und sich zu bewähren.

Die ursprüngliche Rollenverteilung wurde in einer natürlichen Form weitergegeben. Der junge Mann wurde noch in der Männerwelt erzogen. Er wurde durch das Zusammenleben mit Männern und seinem Vater zum Jüngling. Aus dieser männlich geprägten Sicht schien ihm die Frau mysteriös. Er projizierte alles Weiche und Schutzlose auf sie. Da ihm durch die Projektion der Teil des Weiblichen fehlte, fühlte er sich unwiderstehlich von der Frau und ihrer Tugend angezogen.

In unserer Zeit haben sich die Grenzen zwischen weiblichen Anteilen, über die auch der Mann verfügt, und männlichen Qualitäten, die auch die Frau ausleben kann, verwischt. Eine Konsequenz daraus ist, dass wir uns in der heutigen Zeit mit den Erfahrungen, die Männer mit ihren weiblichen Anteilen und Frauen mit ihren männlichen Anteilen im Leben machen, innerlich die Chance erwerben, uns ausgewogen fühlen zu können, was anscheinend zu mehr Singledasein führt. Auswirkung dieser inneren Annäherung an das andere Geschlecht bedingt, dass wir Frauen nur noch ansatzweise die Beschützerkraft der Männer bewundern. In dieser modernen Welt können sich Frauen schon weitestgehend alleine schützen. Im Mittelalter projizierte die Frau diese Qualitäten auf den Mann. Der Mann projizierte die Weichheit und Sanftheit auf die Frau. Beide Partner sind dadurch in ihrem gefühlten Mangel und in der Fähigkeit, dem anderen etwas Wesentliches zu schenken, gleichwertig. Aus dieser Unterschiedlichkeit der Geschlechter heraus wurde die Anziehung durch das andere Geschlecht zur höchsten Vollendung und Lebensziel, auch wenn diese Sehnsucht meist unerfüllt und so als Wunschbild im Kopf blieb, wurde es als beseligende Macht gesehen, die Geliebte zu erobern und sich dadurch als Mann zu bestätigen – in einer höchst mystifizierten Liebe, mit der Überhöhung der Frau in der Anbetung, die nicht unbedingt in der Realität gelebt werden musste.

Emanzipation hin, Emanzipation her – manchmal bedaure ich für einen Bruchteil einer Sekunde, dass wir Frauen heute fast alles selbst können und uns so entgeht, einen Mann wie Tristan als Ritter unserer Herzen zu bewundern. So ein richtiger Kerl, der weiß, was er will, und sich selbstverständlich mit Leib und Leben der Gefahr aussetzt, um seine Angebetete – und wie bei Isolde sogar schon Vergebene – zu sehen. Ist das nicht genug und ein untrügliches Indiz der wahren Liebe oder nur Anzeichen von Verblendung, der aus dem Liebestrank resultierte?

Vielleicht suchen wir selbst den intensiven Herzschmerz, den wir in diesen dramatischen Romanzen von Romeo und Julia und Tristan und Isolde nachvollziehen. Die innere Suche nach einem Bild von unzerstörbarer und doch unglücklicher, weil unerfüllter Liebe. Ich vermute einmal, das war wohl auch ein Grund für Dich, mir von den zwei Königskindern vorzusingen, die ihre Liebe nicht erfüllen konnten? Bestimmt haben große und kleine Mütter dazu beigetragen, diese Geschichten über die Jahrhunderte wachzuhalten. Ein Mythos der wahren treuen Liebe, dem die Menschen, besonders aber die Frauen, aller Jahrhunderte hartnäckig nachhängen.

Manchmal frage ich mich, ob heute ohne dieses Mysteriöse zwischen Mann und Frau so eine große Anziehung möglich wäre? Wer weiß, mir hat es lange gereicht, daraus eine Sehnsuchtsgeschichte nach der verzehrenden Liebe zu machen. Ich, als Frau, hatte nicht den Anspruch, dass diese Geschichte alltagstauglich sein müsste. Tagträumen reichte mir lange Jahre.

In meiner Jugend hätte ich mir manchmal gerne wie Isolde einen unwiderstehlichen Zaubertrank gewünscht. Wahrscheinlich war es ein Glück, dass mir dieser Trank nicht zur Verfügung stand. Rückblickend bezweifle ich, dass mir ein Liebeswahn recht gewesen wäre, um eine unauflösliche Bindung zu schaffen.

In unserer Zeit hängen wir schon seit mehreren Jahrzehnten dem freiheitlichen Bild der Paarbeziehung an, das auf dem Prinzip der Ebenbürtigkeit aufgebaut ist. Heute sind viele Frauen stolz darauf, nicht mehr das Beschützende des Mannes zu brauchen, und verschrecken den Mann dann manchmal, indem sie den beschützenden Teil strikt ablehnen, was die Männer in ihrem beschützenden Verhalten verunsichert, woraufhin sie sich emotional zurücknehmen.

Du kannst es Dir wohl kaum vorstellen, dass der Mann von heute sich selbst ernähren und versorgen kann. Diese Frauendomäne der letzten Jahrhunderte ist schon seit einigen Jahren verschwunden. Das ist eigentlich kein wirklicher Verlust, wenn wir in dieser veränderten Situation nicht vergessen würden, dass der Mann noch immer etwas hat, was er der Frau schenken kann, und die Frau natürlich auch etwas hat, was sie dem Mann schenken kann. Sich gegenseitig zu beschenken schafft Achtung und Respekt und zwischen den Geschlechtern bleibt eine gewisse Spannung erhalten.

Aber woher soll man heute wissen, dass ein Mann für eine erfüllte Beziehung im Allgemeinen gut beraten wäre, darauf zu verzichten, sich ganz das Weibliche als sein eigenes anzueignen, und die Frau, sich das Männliche ganz anzueignen. Wie können wir diesem Spannungsfeld dienen, ohne wieder an die alten Werte anzuknüpfen, in der die Frau für das Innenleben der Familie und des Hauses und der Mann für den harten Konkurrenzkampf in der Welt draußen zuständig war? Dir ist diese für uns altmodische Rollenverteilung noch eher selbstverständlich, aber die moderne Frau schreit bei dieser Definition auf. Wir Frauen haben uns in den letzten Jahrzehnten die Eigenständigkeit hart erkämpft und Du wunderst Dich bestimmt, dass die veränderten Umstände der modernen Beziehung immer noch nicht in das archetypische Bild der Paarbeziehung als wirklich tragendes Modell eingeflossen sind. Wer konnte sich noch nicht an die neue Ordnung gewöhnen? Der Mann, der durch die Ebenbürtigkeit mit seiner Frau seine hierarchische Vormachtstellung verliert? Oder die Frau, die sich trotz Eigenständigkeit auch gerne einmal anlehnt und die Verantwortung ihrem Mann überträgt?

Einige gelungene Ausnahmen reichen wohl noch nicht, um ein neues Paarbild in das Weltengedächtnis einzuspeisen. Bei diesen Beziehungen, die ich eher als Ausnahmeerscheinungen bezeichne, ist die ebenbürtige, respektvolle Beziehung die Grundlage, dass der Mann eine starke, kreative Frau neben sich als Bereicherung und nicht als Bedrohung sehen kann. Aber die große Masse der Beziehungen zeigt bei glücklichen Beziehungen immer noch das alte hierarchische Bild, die Frau arbeitet höchstens halbtags, und wenn sie ganztags arbeitet, ist es ganz klar der Mann, der hauptsächlich den Lebensunterhalt sichert.

Was hat uns Frauen also die schwer erkämpfte moderne Paarbeziehung gebracht, außer dass Frauen durch eigenes Geld nicht mehr so stark auf den Mann angewiesen sind. Sie scheinen durch ihre Eigenständigkeit irgendwie den respektierten weiblichen Platz in der Beziehung aufgegeben zu haben. Beruflich und gesellschaftlich erleben sich Mann und Frau eher als Single und nicht mehr innerhalb der früheren Rollenverteilung und damit fast außerhalb der geschlechtlichen Begrenzung. Frauen ernähren sich selbst und haben schon fast alle Männerdomänen erobert. Bei den Männern sorgt der Italiener um die Ecke für das leibliche Wohl und die Putzfrau für die Sauberkeit im Haus. Jeder fühlt sich eigenständig und damit unabhängig, selbst wenn er nur vom Staat Geld bekommt.

Haben wir den Hauch des Unbegreiflichen und daher Geheimnisvollen zwischen Mann und Frau der letzten Jahrhunderte der Integration des gegengeschlechtlichen Teils geopfert? Einer neuen Identität, von der wir noch nicht genau wissen, was sie für Mann und Frau bedeutet? Die statt auf bewusster Individualität, die angestrebt war, manchmal eher auf vorsichtigem Taktieren basiert? Von der alten Angst begleitet, die Frau könnte ihre Eigenständigkeit verlieren, wenn sie sich emotional oder finanziell an den Mann anlehnt. Ähnlich beim Mann, der sich durch seine kochenden und putzenden Fähigkeiten aus der Abhängigkeit der Frau zu befreien scheint und nicht mehr wie früher in die Zwangslage kommt, ohne weibliche Versorgung am Hungertuch zu nagen.

War es nicht das Ziel der modernen Beziehung, mehr Flexibilität zwischen den Partnern zu erreichen, die auf einer immer wieder neu zu entdeckenden Eigenständigkeit basiert? Jetzt besteht die spontane Beweglichkeit aus dem Risiko: Wieviel Männlichkeit kann die Frau leben, und darf sie sich dann trotzdem noch den Stuhl im Restaurant hinrücken lassen? Und wieviel Weiblichkeit kann der Mann leben, bevor er als Weichei gilt? Hat die Liberalisierung der Sexualität die Partnerschaft und Ehe eher zur verzichtbaren Institution gemacht? Wird durch die manchmal fast öffentlich gemachte Sexualität das Heimliche, Romantische einer sich langsam entwickelnden Liebesbeziehung endgültig als altmodisch abgelehnt? Unterstützt die heutige Unverbindlichkeit als lockere Lebensform diese fragwürdigen Vorteile und unterbindet damit ungewollt eine verbindliche, vertrauensbildende Beziehung?

Du wirst einwenden, dass auch alle noch so modernen Menschen die Liebe lieben und sich darin überhaupt nicht von den Paaren früherer Jahrhunderte unterscheiden. Wahrscheinlich hast Du in diesem Punkt Recht, und der immer noch während Zauber besteht darin, dass die Liebe sich immer wieder selbst im anderen liebt und wir sowieso im Laufe einer Beziehung wieder auf uns zurückgeworfen werden, unabhängig davon, ob eine mysteriöse Anziehung oder eine althergebrachte Rollenverteilung die Beziehung bestimmt. In dem Moment, in dem ich in meinem Liebsten etwas sehen kann, was bei mir noch unentdeckt war und erst einmal nur über den Umweg meines Gegenübers für mich wahrnehmbar ist, bin ich als Partner bewusster geworden – und das verändert die Bedingungen für die Beziehung.

Ich suchte früher einen Teil von mir unbewusst im Partner. Jetzt ist der Teil erkannt und hat mich in meiner Selbstreflektion wacher und bewusster werden lassen. Unabhängig davon, ob diese Erkenntnisse eine Licht- oder Schattenseite von mir waren: Ehrliche Einsicht verändert die Partnerschaft. Die Suche nach diesem vorher verlorenen Teil hört auf. Darin liegt auch die große Chance in der modernen Paarbeziehung, die es uns durch die größere Ähnlichkeit im männlichen und weiblichen Verhalten erlaubt, schneller Einsicht in die sonst übliche Projektion zwischen Paaren zu gewinnen und bewusst aus diesem Spiel auszusteigen. Jeder der Partner kann dann wieder seine Projektion in seinen Rucksack packen und das, was er vorher seinem Partner übergeben hatte, wieder zu sich zurücknehmen. Wenn der Partner sich nicht mehr ausreichend gespiegelt sieht, kann er sich dafür entscheiden, zu bleiben, oder er kann auch wieder allein seiner Wege ziehen. Des Rätsels Lösung ist für den Sucher erfüllt. Auch wenn es sich leicht anhört: Trennung schmerzt heute noch genauso wie vor Jahrhunderten. Jemanden, der Dir ans Herz gewachsen ist, lässt man nicht so einfach zurück.

Vielleicht kann uns ja die Wissenschaft dabei helfen, die ideale Verbindung zwischen Mann und Frau zu erschaffen! Neueste Untersuchungen haben nämlich herausgefunden, dass es hilfreich ist, wenn Mann und Frau sich ähnlich sehen. Diesen Studien zufolge können beide dann eine beständigere Beziehung leben. In Bildmontagen hat man die linke Seite der Frau mit der rechten des Mannes verbunden. Bei den größten Ähnlichkeiten kamen die beständigsten und längsten Beziehungen heraus, erstaunlich! Ich kenne es aus meiner Geschichte eher so, dass mich ein Partner geradezu schicksalshaft anzieht, obwohl ich ihm weder äußerlich noch im Geiste ähnlich bin. Selbst mit diesem Wissen kann ich mir nicht vorstellen, dass ich von der Beziehung losgelassen hätte, nur weil ich ihm nicht ähnlich sehe.

Beziehung als Schicksal oder als Mysterium? Ich weiß nur, dass auch heute noch wie seit Jahrhunderten Beziehung das beste Feld ist, bedingungslose Liebe reifen zu lassen. Im Wechselspiel aus Geben und Nehmen. Was heißen soll: Ich gebe einen Teil meiner Eigendynamik auf und lerne durch die Reaktionen und Reflektionen meines Partners ganz viel über mich und mein Verhalten. Das ist der Spiegel, der es mir ermöglicht, mit Liebe und Respekt meine eigene Persönlichkeit ehrlich einzuschätzen.

Ein wirklicher Eiertanz zwischen Aufgabe und Hingabe. Immer wieder erneut zu vereinbaren, wieviel kann ich von mir zurückstellen, ohne faule Kompromisse einzugehen. Nicht zu viel, nicht zu wenig Herzensgüte für mich aufzubringen. Großen Respekt für meinen Partner zu bewahren und sein Schicksal zu akzeptieren. Dieses Gleichgewicht ist sehr fragil und muss immer wieder neu erarbeitet werden. Erst wenn beide Partner die Verantwortung für ihr Verhalten tragen, ist ein ehrliches Gespräch möglich, so dass die Partner nicht nur aufeinander reagieren, sondern auf dem Boden der Selbstreflektion gegenseitiger Respekt wächst, auch wenn sie sich als Menschen nicht wirklich bis ins Letzte verstehen.

Heute wie vor Hunderten von Jahren soll der partnerschaftliche Weg der Auflösung der selbstbezogenen Struktur des Menschen dienen. Beide sind bereit, für diese Liebe zum anderen ein großes Risiko auf sich zu nehmen. Es bringt uns durch die Liebe gleichzeitig zum echten erwachten Leben und zum Tod unserer Erwartungen. Diese Voraussetzung öffnet den Weg, der es ermöglicht, den Liebsten oder die Liebste unschuldig und frei zu lieben.

In der Liebe,

Deva Vanshi

Liebe gibt auch materiellen Dingen eine Seele

*L*iebe Oma Berta,
wie Du weißt, bin ich schon seit vielen Jahren mit der grundlegenden Frage der Liebe beschäftigt. Die Liebe zum Leben, die Liebe zu mir und den Dingen, die mich umgeben. Oder wie wir mit unseren Augen die Liebe unseren Kindern vermitteln. Und da fällt mir ein, wie durch einen achtsamen, liebevollen Blick einige Dinge in meinem Leben eine Bedeutung – und fast würde ich sagen – auch etwas Seelenvolles bekommen haben.

Weißt Du noch, wie sehr Du an Deiner besonderen goldenen, mit Blüten übersäten Kaffeetasse hingst? Sie hatte eine ganz bestimmte Funktion in Deinem Leben, aber für mich hat sie erst durch die Erinnerung an Dich eine Seele bekommen. Das Besondere an dieser Tasse war: Sie schien schon vor 70 Jahren für eine riesige Tasse Milchkaffee hergestellt worden zu sein. Sie ist neben einigen vergilbten Fotos ein Erbstück von Dir, das ich in Ehren halte. Ein Einzelstück mit einem zarten und filigran gestalteten Tassenbauch und edler Untertasse. So ein schönes Exemplar ist fast zu schade für den täglichen Gebrauch. Manchmal, nach getaner Arbeit, ist es jedoch an der Zeit, sich zu verwöhnen. Dann kommt sie zum Einsatz. Der Duft des heißen Kaffees erinnert mich an die Sonntage, an denen Du Dir echten Bohnenkaffee mit abgezählten Bohnen, frisch gemahlen, gönntest. In der betagten hölzernen Kaffeemühle eigenhändig durchgedreht bis auf die letzte Bohne, dann schautest Du noch einmal in die Öffnung, ob das Mahlwerk auch alle Bohnen vollständig erfasst hatte. Der Kaffeegenuss hat Dich immer sehr angeregt und Du erzähltest von der Vergangenheit. Das hatte selbst für mich als Kind etwas Besonderes. Wie Du der Zubereitung des Kaffees Deine ganze Aufmerksamkeit schenktest, die fast rituelle Handlung des andächtig geschlürften ersten Schluckes – durch die es auch für mich etwas Genüssliches bekam. Es war eine besondere Kaffeezeremonie, wenn Du die wunderschöne, für die damalige Zeit in ihrer Form einzigartige Tasse nahmst. Es gab der Tasse und diesem Augenblick etwas Lebendiges, etwas Beseeltes. Das Besondere, das Göttliche in einem liebevoll herstellten Gegenstand zu erkennen – das ist ein Teil der Zauberdinge, die das Leben uns schenkt.

Deine Urenkelin Miriam hat auch diese Fähigkeit, ihr Herz dem gegenwärtigen Moment zu öffnen und dabei einem Gegenstand eine Seele zu verleihen. Als Kind schenkte sie ihrem Freund, dem Weidenbaum, der am Rande unseres Gartens stand, ihre ungeteilte Aufmerksamkeit. Für sie war der Baum ein Lebewesen. Strotzend vor Lebendigkeit hatte sie den Mut, bis in die höchsten Wipfel des Weidenbaums zu klettern. Sie wiegte sich mit dem Baum und brachte uns Eltern in schreckliche Sorgen, die dünnen Äste würden brechen und sie könne aus großer Höhe runterfallen. Ihr Papa bat sie, vom Baum herunterzukommen und drohte ihr, es gäbe sonst kein Barbie-Pferd. Sie erwiderte keck: „Komm' du doch hoch und hol' mich!" Damals schon war der Baum ihr Freund und Vertrauter und sie verbrachte viel Zeit mit ihm. Sie liebte diesen Baum, und für sie war er ebenbürtig. Sie konnte sich auf die unsichtbaren Kräfte der Natur und vielleicht sogar auf die Sprache dieses Baumes einlassen, wenn er leise wispernd seine feinen Blättchen bewegte. Als sie schon erwachsen war und der Baum viele Jahre später gefällt werden sollte, setzte sie sich ins Gras und weinte bitterlich. Daraufhin wurden dem Baum nur die Zweige beschnitten. Zum Dank trieb er erneut aus.

Wer wie Miriam Materie als lebendig und schwingend ansieht, geht mit ihr als Lebewesen in Resonanz und gibt dann jeder Form von Materie eine Seele. So hat Miriam es auch mit dem Auto Deiner Tochter, meiner Mutter, gemacht. Sie bekam es von meiner Mutter, als diese zu krank war, um noch selbst Auto zu fahren. Miriam nannte das alte Auto „Emma", liebte es heiß und innig, und es fuhr sie jahrelang sicher durch den Verkehr. Ein betagtes Auto von zwölf oder dreizehn Jahren. Als ich sie überredete, sich mit der Abwrackprämie ein neues Auto zu kaufen, war „Emma" beleidigt und klopfte am Vorderrad so bedrohlich, dass es Miriam leicht fiel, das Auto der gesetzlichen Presse zu überlassen.

Achtsamkeit für die Dinge, die uns dienen, ist uns ein wenig in der schnelllebigen Zeit abhanden gekommen, in einer Zeit, in der jeder Gegenstand ohne Zögern gegen einen anderen ausgetauscht werden kann. Aber es gibt einfache Übungen, mit denen Achtsamkeit wieder kultiviert werden kann, auch die Achtsamkeit für Dinge, denen wir sonst keine (oder nur wenig) Aufmerksamkeit schenken. Eine Alltagsachtsamkeitsübung kann zum Beispiel sein, eine Decke mit Liebe und der größten Aufmerksamkeit zusammenzulegen. Den Dingen, die uns selbstverständlich sind, wenigstens hin und wieder die volle Aufmerksamkeit des Augenblicks und somit unseres Herzens zu schenken. Mit Achtsamkeit wahrzunehmen, wie anders sich eine solche Decke anfühlt als eine, die nur achtlos zusammengeknäult wurde.

Es gibt so viel zu erzählen, wie Materie mit unseren Gedanken beeinflusst wird. Du kennst mich, hier könnte ich mich verzetteln, aber von einem Experiment will ich Dir noch erzählen, um Dir zu verdeutlichen, wie viel Einfluss unsere konzentrierten Gedanken haben. In einem Experiment mussten sich Studenten der Universität Princeton in den USA vor ein Brett setzen, auf dem in gleichmäßigen Abständen Nägel eingeschlagen waren. Dann wurden von oben langsam Tennisbälle darüber geschüttet. Es bildete sich immer eine sogenannte „Gauß'schen Glocke" in der Mitte des Brettes, eine Art Pyramide. In 5000 Versuchen ergab sich, je geübter die Studenten waren und ihre ungeteilte Aufmerksamkeit dem Gedanken „links, links" schenkten, umso klarer verlagerte sich die Spitze dieser Tennisbälle nach links. Wenn sie „rechts, rechts" dachten, verlagerte sich die Spitze der „Gauß'schen Glocke" nach rechts. Für mich ist das ein eindrucksvoller Beweis, dass wir mit meditativen Gedankenwellen einen materiellen Prozess verändern können. Es beweist mir, dass wir mit allem in Resonanz sind, besonders mit dem, was wir lieben. Für mich liegt die tägliche Herausforderung darin, auch den Dingen ungeteilte Aufmerksamkeit zukommen zu lassen, mit dem Augenblick zu verschmelzen und dann zu erfahren, wie Materie in ihrer eigenen Weise darauf reagiert.

Wenn wir schon Materie beeinflussen und mit unserer Liebe verzaubern und verändern können, dann erst recht Menschen. Welch eine wunderbare Aufgabe, allen Menschen Achtung und Aufmerksamkeit zu schenken. Eine gute Vorübung, auch einmal die langsam schwingende Materie durch unseren Geist zu berühren, um später Herzen zu berühren und ihnen ungeteilte Liebe geben.

Von Herz zu Herz,

Deva Vanshi

Frauenkraft bedeutet Wurzel haben

*L*iebe Oma Berta,
Du weißt, wie sehr mich die Frauengeschichte unserer Familie beschäftigt. Diese Gedanken haben mich auf meiner Suche nach Freiheit und der Wahrheit immer wieder an eine Tür gebracht. Manchmal kam es mir vor, als ob zwei Wächter davor standen, die mich erst in das Land der Erkenntnis einlassen, wenn ich weichgeklopft war. Weichgeklopft von vielen Prüfungen, die eine Vollendung eines Etappenziels bedeuteten. Die Tür, hinter der ich die Frauenkraft entdeckte, hat große Bedeutung für mein Leben. Diese Erfahrung verwurzelte mich auf natürliche Weise im Kraftvoll-Weiblichen und damit in der Kraft der Frauen, die vor mir waren.

Zu diesem Teil meines Lebensgefühls hat die systemische Aufstellungsarbeit beigetragen. Ich durfte fühlen, hören – fast würde ich sogar sagen: riechen und schmecken, wie sich das Urbild der weiblichen Kraft in mir anfühlt. Zu wissen, dass ich die Wurzel meines eigenen Lebens in mir trage und mit der Kraft der Frauengenerationen vor mir verbunden bin.

Du fragst Dich sicher, wie dieser Satz zu verstehen ist. Ich kam schon früh zu einer Arbeit, die sich Systemische Familien- und Organisationsaufstellung nennt. In dieser Arbeit wird durch frei gewählte Stellvertreter, aber auch stellvertretend durch Matten, Kissen oder Legofiguren, das innere Bild der eigenen Familie sichtbar gemacht. Das können interessanterweise schon kleine Kinder, weil sie ein inneres Bild von der Ordnung in ihrer Familie haben. Also können wir durch diese Stellvertreter oder Hilfsmittel unser inneres Bild bewusst werden lassen.

Mit solchen systemischen Arbeiten wollte ich meinen Standpunkt zur eigenen Kraft und Autorität ergründen. Nach verschiedenen Bewegungen, die die Seelen in dieser Aufstellung machten, stellte der Therapeut alle Frauen unserer Linie als Stellvertreterinnen hinter mich: meine Mutter, Großmutter, Urgroßmutter und noch vier weitere Frauen meiner Ahnenreihe. Er bat mich, mich an diese Kraft anzulehnen, ja mich sogar von dieser Kraft physisch halten zu lassen. Ich lehnte mich an diese Frauenreihe an, ließ mich zurücksinken in die Arme dieser Frauen. Nach all den Anstrengungen meines Lebens konnte ich mich fallen lassen und entspannen, im Vertrauen auf die Frauen und ihre Schicksalskraft. In diesem Moment des unmittelbaren Fühlens und Sehens konnte ich loslassen und mich tragen lassen von einer Ordnung, die außerhalb meiner Vorstellung lag.

Die Zeitlinie verschwand, als ich mich ganz dem Augenblick hingab, ein Moment des „Einsseins". Ich genoss das Gefühl der Zugehörigkeit mit tief empfundenem Frieden und der Erfahrung der absoluten Entspannung. In diesem Moment eröffnete sich mir die kraftvolle Welt der Frauen. Ich begriff, wie jede Einzelne von ihnen ihr Bestes gegeben hatte.

Von diesem Zeitpunkt an waren meine Vorwürfe bedeutungslos, der Blick über das ganze Schicksalsbild der Frauen ließ meine Tränen fließen und die vergangene Verkrustung auflösen. Aus diesem Blickwinkel habe ich begriffen, wie hochmütig es ist, den Weg meiner Mutter oder Dein Schicksal beurteilen zu wollen. Ein inneres

Erleben, aus dem heraus ich Euer Schicksal leicht achten konnte. Mein persönlicher Canossaweg zu allen Frauen und zur Urmutter. Der Urkraft, die von Generation zu Generation durch uns hindurchfließt. Einen Moment lang ganz gesammelt zu sein. Den Blick weit und milde werden zu lassen für die Schicksale der Menschen, die vor uns ihr Leben erfüllt haben. Diesen unterschiedlichen Kräften des „Frauseins" zuzustimmen. Alle Kraft der Urgroßmutter, von Dir, meiner Großmutter, und meiner Mutter erfüllten mich. Ein sattes, ruhiges Gefühl durchdrang mich. Gestärkt und gehalten bin ich aus dem Erlebnis hervorgegangen.

Ich kann dieses Gefühl nur schwer in Worte fassen. Es hat eher etwas mit dem „Herzenshören" zu tun. Meinen Verstand hatte ich in diesem Moment weit hinter mir gelassen. Im Feld des intuitiven Wissens hat Beurteilen und Verurteilen keinen Platz. Ein Bild aus unserem Herzen, das weit über dem steht, was die Enge unserer Persönlichkeitsstruktur uns gefühlsmäßig im Alltag zu vermitteln vermag.

Ich fühlte mich eingebettet in eine Ordnung, die darauf aus ist, eine winzige Einheit im großen universellen Körper der Menschheit zu sein. Eine winzige Einheit innerhalb des großen Systems. Wie in einem großen Körper, in dem jede einzelne Zelle dazu beiträgt, das Überleben und die Einheit dieser universellen kleinen Familienzelle zu gewährleisten.

Das verborgene Geheimnis ist eigentlich ganz offensichtlich und liegt darin, dass wir in Unfrieden sind, wenn wir uns anmaßen, es immer besser zu wissen als der, der in den schicksalshaften Schuhen gelaufen ist. Dabei reicht es, sich zu konzentrieren, mein Leben auf dem vorgesehenen Platz voll auszufüllen, so dass das Leben durch mich voll zum Ausdruck kommt. An diesem Platz darf ich meine kreativen Fähigkeiten komplett ausdrücken. Im Nachhinein merke ich, wieviel Kraft es mich gekostet hat, zu glauben, ich könnte alles besser und den zweiten Schritt vor dem ersten machen.

Ohne den Besuch im Parterre und die Erkenntnisse, die ich dort gewann, wäre ich nie darauf gekommen, dass ich mich durch den frühen Schmerz von meinen Wurzeln abgeschnitten hatte. Ich wusste nichts von einer verschobenen Verantwortung. Erst durch die Aufstellung erfuhr ich mich als jüngstes Glied dieser Kette, und fühlte mich als Jüngste von der großen Liebe berührt, die im System herrscht und von der Generationenlinie hinter mir getragen wird. Es wird gesagt, dass wir sieben Generationen als Erfahrungsschatz in uns tragen, mit all ihren Licht- und Schattenseiten. Mit dieser Stärke und Kraft konnte ich als Mutter raumgebender sein. Ich war endlich ganz und gar erwachsen geworden.

Innere Reifung, die ich in den darauffolgenden Jahre brauchte. Ich war stolz auf alle Frauen und wusste, meine Mutter ist genau die Richtige für mich. Neben allem, was schief gelaufen ist, fiel es mir leicht zu sagen: „Ich bin froh, dass Du meine Mutter bist!"

Du hast wahrscheinlich Anteil genommen, als Mutti sehr krank wurde. Danach gab es noch viele bewegende Momente, die Mutti und ich teilten. Zwischenzeitlich ist sie zu Dir in die andere Wirklichkeit gegangen. Frei von irgendwelchen Gedankenkonzepten aus der Vergangenheit, geborgen im Fluss des Mitgefühls und des Verstehens, hat diese Begleitung bis zu ihrem Tod mein Leben sehr bereichert.

Dankbar für dieses Leben,

Deine Deva Vanshi

Turmzimmer

Von Verwicklungen zur schlichten Wahrheit

Wahrheit ist schlicht und gerade.
William Shakespeare

L iebe Oma Berta,
hast Du nicht immer gesagt, wer lange auf dem Holzweg war, der geht nicht gern zurück? Ich kann das nur bestätigen. Obwohl mein Herz sich immer nach der Wahrheit sehnte, habe ich mich doch lange geweigert, Illusionen loszulassen. Angestrengt verfolgte ich den Weg, den ich eingeschlagen hatte. Als ob ich mit großem Fleiß und mit Anstrengung mein inneres Illusionsbild von Liebe und Beziehung aus eigener Kraft erschaffen könnte. Mir schien es ein Frevel zu sein, nach so viel Anstrengung einfach nur die Anstrengung sein zu lassen und mich der Morgenröte der sich ankündigenden Wahrheit hinzugeben. Mein Kopf intervenierte meistens, indem er plapperte, das kann doch nicht so einfach sein. Verwicklung hatte mich ordentlich verwickelt. Obwohl mein Herz schon lange wusste, dass die Wahrheit aus einer Quelle entspringt, der Quelle, aus der die Liebe des Lebenserhaltenden und Göttlichen in uns fließt, hielt mein Verstand so lange fest, bis ich an meine absolute Grenze kam und nichts, aber wirklich rein gar nichts mehr aus eigener Kraft tun konnte. In diesem Moment der dunklen Nacht und des tiefen Tales, während mein Herz nach Einsicht und Wahrheit flehte, wurde in mir ein verzehrendes, inneres Feuer entfacht. Ein Feuer, das mir die überflüssigen Zweifel und Befürchtungen nahm und Platz machte für ein Leben der schlichten Wahrheit, das sich ohne Schnörkel offenbarte. Es erinnerte mich an die Worte des berühmten englischen Dichters William Shakespeare. Er definierte Wahrhaftigkeit und Wahrheit beeindruckend einfach. Er deckte in seinen Werken die psychologischen Hintergründe der menschlichen Seele auf und schien das Feuer zu kennen, so dass es ihm möglich war, Tiefgründiges in wenigen Wor-

ten zu sagen und damit das Wesentliche zu erfassen.

In das Geistesfeld von William Shakespeare mit der tiefgründigen Beschreibung des menschlichen Daseins tauchte auch Friedrich Nietzsche ein. In seinem Buch: „Also sprach Zarathustra" kam er auf die so einfache, aber wesentliche Empfehlung: Lebe dein Leben bis zum Äußersten. Lass kein ungelebtes Leben zurück. Lebe so, dass du jeden Moment sterben könntest. Was für mich heißt: Bündele deine Aufmerksamkeit in der Gegenwart, tue das, was du verantworten kannst und beeinflusse dein Leben so, dass die Intensität dir jeden Augenblick die eindrücklichste Qualität ermöglicht, die dir in der Gegenwart zugänglich ist. Dann bleibt nichts zurück, was noch gelebt werden müsste. Daher glaube ich, dass Asketen immer ein wenig der Saft der Fülle des prallen Lebens fehlt.

Auch wenn Nietzsche in „Zarathustra" die Einsamkeit pries, die große Gedanken gebären kann, fühlte er sich trotzdem verpflichtet, andere zu lieben, ihnen Spiegel zu sein und ihnen durch Wort und Tat Auftrieb zu geben. Die menschliche Spiegelung als notwendiger Prozess, um an ihrer Reifung teilzuhaben und das menschliche Leben damit zu vervollkommnen. Zwei Seiten einer Medaille, beides braucht es: die Einsamkeit, um sich selbst zu begegnen, den anderen, um dem eigenen, verdrehten und sogar paradoxen Gefühl zu begegnen. Es braucht den Schmerz der Erkenntnis als Mittel der Reifung. Menschliches Leben als Geschenk, um Beziehungen einzugehen. Beziehungen als Übungsfeld. Mich auf Menschen einzulassen, auch wenn sie mir Schaden zufügen, weil sie blind im Herzen sind. Selbst auf meine eigene Herzensblindheit zurückgeworfen zu werden, die anderen Schaden zufügt. Ewiger Reibungsprozess und nicht easy going.

Liebe Oma, ich definierte danach die Verzweiflung als Ursache, wenn ich nicht loslassen konnte und mit aller Gewalt etwas erzwingen wollte, was so nicht machbar war. Ich lernte, wachsam zu sein und mich selbst zu beobachten. Was ärgert mich am anderen am meisten? Da genau hinzuschauen, um dann ehrlich mit mir zu sein. Ich kann Dir sagen, dass es mir manchmal total unangenehm war, mir in dieser Form ehrlich ins Gesicht zu schauen. Aber Wahrheit ist letztendlich schlicht und gerade und erlaubt kein Tricksen oder Verhandeln. In dem Moment, in dem ich die eigene Schwäche zugeben konnte, begann die angespannte zwischenmenschliche Energie aus einer Situation zu weichen, so als ließe man aus einem Luftballon die Luft entweichen. Danke für die Spiegelung, auch wenn sie weh getan hat! Der Beginn einer neuen Runde auf dem Karussell des Lebens.

Weißt Du, wie sehr ich mir wünsche, dass Du erleben könntest, wie entspannt ich heute Herausforderungen begegnen kann? Wo ich doch früher so ein kleiner Hitzeblitz war. Gelassenheit zu verinnerlichen hat mich einiges gekostet. Der wirkliche Durchbruch nach langen Jahren des verzweifelten Suchens war, als ich vor vielen Jahren meiner Freundin Annapurna in der Ausbildung zur Psychotherapie begegnete. Ich glaube, diese Geschichte kennst Du noch nicht. Und es begann ganz unspektakulär. Am ersten Tag unserer gemeinsamen Ausbildung war ich schon früh im Seminarhaus angekommen und hatte aus Versehen mein Auto auf den Privatparkplatz des Hauses gestellt. Natürlich wurde ich gebeten, das Auto auf den Seminarparkplatz umzuparken. Da lief mir in der Einfahrt des Parkplatzes eine sympathische, hochgewachsene Person über den Weg. Wir grüßten uns freundlich. Danach ging ich auf mein Zimmer und begann zu lesen. Ich hatte schon meinen Koffer ausgepackt, als die Tür aufgeht und diese graziöse, dunkelhaarige Frau vom Parkplatz ins Zimmer kommt und sich als Annapurna vorstellt. Sie würde in den nächsten Tagen das Zimmer mit mir teilen. Ich sehe ihr Erstaunen und ihre Fragezeichen, die förmlich aus ihren Kopf hervorquellen. Wie kann ich, die noch vor ein paar Minuten gerade auf dem Parkplatz einfuhr, hier schon wieder sitzen und sie mit der größten Selbstverständlichkeit lesend im Zimmer willkommen heißen? Eine besondere Herzensfreundschaft begann, die von der gemeinsamen Sehnsucht nach Wahrheit getragen wird.

Es schien, als ob die Zeit für uns beide reif war, und wie selbstverständlich, ohne viele Worte waren wir uns einig, unsere Erfahrung zusammenzubringen. Wir hatten beide schon langjährige Erfahrung mit Gruppen- und Einzelgesprächen und sprudelten über vor Kreativität und Schaffensdrang. Ich begann gerade mein erstes Buch über ganzheitliche Fußreflexzonenmassage zu schreiben mit dem prägnanten Titel: „Mein Standpunkt auf der Erde". Die Türen schienen schon offen zu stehen, als wir die Schule **Tat Tvam Asi** gründeten, was in der indischen Gelehrtensprache heißt: „Das bist du!" Passt doch wunderbar zum Thema, um auf dem Weg zur eigenen Wahrheit Wegweiser und Rastplatz für sich und andere zu werden.

Für mich ein Geschenk, eigene Erfahrungen mit denen vieler Menschen zu ergänzen, die sich wie in einem Zeitfenster der Einsicht verdichten. Erfahrungen mit der Bewegung der Seele in der systemischen Arbeit berühren mich tief im Herzen und lassen mich demütig sein. Arbeit mit der Seele, die heute oft auf die Gefühlsregungen eines Menschen reduziert wird. Seele als Fluidum der Liebe, die eingebettet ist in einer größeren Liebe, verbindend und herzensöffnend. Eine Arbeit, die ganz der Intensität meiner Seele entspricht. Wahrheit und Einfachheit als Resultat der Einsicht in das Abgetrennte und Verborgene, das sich vorher maskiert als Symptom im Körper oder im Geist Gehör verschaffen wollte. Wahrheit als bittere Medizin, die den Geist reinigt und den Körper wieder direkt wahrnehmen lässt. Das Körpergefühl endlich entspannt und voll Vertrauen. Wahrheit süß wie ein Kuss und dabei einfach und schlicht. Die innere Wahrnehmung täglich verfeinern, um Herausforderungen als Lektion anzunehmen. Wachheit, die mir erlaubt, spätestens im Rückblick frühere Bestürzung als Wegweiser zur Tür der inneren Einsicht zu benutzen.

In meinem eigenen Anlagen, die ich mein Schicksalspäckchen nenne, habe ich alles gefunden, was ich zu meiner Wahrheit brauchte. In den unterschiedlichen Räumen des Vergessenen habe ich Erinnerungen gefunden, die ein vorher zerstückeltes Bild vervollständigten. Ich habe das Vertrauen in mich und mein mich lenkendes Bauchgefühl zurückgewonnen. Geleitet von meiner Sehnsucht. Blauäugig und naiv, lange nicht wissend, wie sich denn meine Wahrheit anfühlt. Einsicht, dass meine Herzensunschuld sich erst wieder unter einem behütenden, erwachsenen Aspekt meiner bewussten Persönlichkeit zeigen konnte, um den spontanen, reinen, kindlichen Anteil, der sich vorher ängstlich zurückgezogen hatte, zu schützen. Ohne innere

Kriegerin war ich vorher nicht wirklich in der Lage, eine bewusste Entscheidung zu verteidigen, und knickte bei Gegenangriff relativ leicht ein. Erwachsenwerden hieß für mich erst einmal auch, schuldig zu werden. Fehlentscheidungen zu treffen, mir und andern damit weh zu tun. Dies als unausweichlichen Teil des Weges zur Wahrheit zu erkennen. Meinen inneren Beobachter als Wächter auf dem Berg immer wieder zu fragen, ob diese Handlung mit dem Bauchgefühl übereinstimmt oder ob ich trotz besseren Wissens gerade wieder im Begriff war, mich an mir zu versündigen und wider mein Bauchgefühl zu handeln. Dann aber die Chance zu haben, zwischen der einen Möglichkeit und der anderen bewusst zu wählen

Jeden einzelnen, bewussten Prozess nicht als Stein des Anstoßes zu sehen, sondern als Teil des Weges zum bewussten Erwachsensein. Einziger Weg, um dem kindlichen Teil in mir endlich Asyl zu geben, weil das „innere Kind" sonst panisch und ungeschützt, misstrauisch und handlungsvermeidend in unserem System erfolgreich ein entspanntes, erfülltes Leben verhindert.

Bis ich diesen eigenen, inneren Standpunkt unmittelbar als meine Wahrheit erkennen konnte, gingen viele Jahre mit Halbwahrheiten ins Land. In der Zeit des automatisierten Handelns war meine Herzensunschuld in Vergessenheit geraten. Erst mit dem entschlossenen Mut der inneren Kämpferin zum Handeln konnte ich unterscheiden und fühlen, was es für mich bedeutet, bewusst mit meiner Wahrheit in Kontakt zu sein. Dazu gehörte, wie Du weißt, dass ich manchmal etwas gemacht habe, was in unserer Familie vorher noch keiner gewagt hatte. Das war mehr als ungemütlich, mich diesem inneren Gefühl auszusetzen und für meine Wahrheit eher außerhalb, als in der Familie zu stehen. Früher, als ich noch mit den Augen einer Kinderseele meine Lebenssituationen betrachtete, vermittelte mir so eine Situation manchmal das Gefühl, als würde ich mich an unseren ungeschriebenen Familienregeln schuldig machen. Aber dieser große Drang meiner Seele nach Freiheit und Neuentdeckung war immer ungebrochen. Beschenkt wurde ich auf diesem Weg mit Erfahrungen, die gut gegangen sind, und auch mit solchen, die fehlgelaufen sind. Das Zauberwort heißt Konsequenz, die ich hautnah und direkt und manchmal doppelt zu spüren bekommen habe. Doch sie verband mich langsam, aber stetig mit den anwachsenden, echten primären Gefühlen meines Körpers.

Vorbei die Zeit, in der vorgeschobene Gefühle mich vor dem eigentlichen Schmerz bewahren wollten. Meinem Körper vertraute ich immer mehr, selbst wenn der Kopf mir einen gegenteiligen Vorschlag machte. Risiken belohnten mich damit, dass sie mich lebendig in einen größeren, menschlichen Zusammenhang hinein wachsen ließen. Begleitet von Überraschungen und Neuem wie in einer Wundertüte. Was nicht ausschloss, dass ich parallel mein Schicksal auch manchmal ziemlich wie die Büchse der Pandora empfand, angsterregend und doch von dem grundlegenden Gefühl meiner Sehnsucht getragen. Geführt von dem intensiven Sehnen nach Liebe, Wahrheit und Freiheit, ein ständiger Scheinwerfer, der wenigstens einen Kegel des Lichts in das manchmal so Dunkle brachte. Der magnetische Sog auf der ewig achtsamen Gratwanderung auf dem Weg zur Mitte. Im Gepäck den Mut als Kompass, der auf Freiheit und Wahrheit eingenordet ist und antreibt, das Unmögliche zu wagen, um das Mögliche zu erreichen. Am Rande meiner Kräfte auf dem Gipfel des Lebens in ein erfülltes und geglücktes Leben zu schauen, mich nicht von dem abbringen lassen, was ich anstrebe. Nicht den Einflüsterungen der aus der Kindheit verinnerlichten Stimmen zu lauschen, die mir sagen wollen, das kannst du nicht, sondern die Vorbedingungen als Absprungplateau zu nutzen, den letzten Sprung in das Nichts zu wagen, um sich dann im Inneren wiederzufinden. Ruhig, gehalten und in der eigenen Wahrheit angekommen. Ich glaube, wenn ich den Sprung nicht gewagt hätte, wäre ich immer wieder in den alten Bildern und Verletzungen hängengeblieben.

Du kennst meine Sehnsucht nach Intensität und wie es mir unbewusst immer wieder gelang, Intensität in meinem Lebens herzustellen, so dass ich manchmal glaubte, die Erfahrungen würden für drei Leben reichen. Entscheidungen, die zu fällen waren, verdichten sich oft wie in einem Zeitfenster. Weißt Du, wie ich mich dann in schwierigen Situationen entscheide? Ich erinnere mich dann an Zarathustra, und frage ich mich: „Wie würde ich entscheiden, wenn ich in sieben Tagen sterben würde?"", dann weiß ich ganz schnell, was der wesentliche Kern meiner Wahrheit ist.

Vielleicht fragst Du Dich, ob ich mich denn bei den wesentlichen Fragen des Lebens so direkt mit der Endlichkeit auseinandersetzen muss? Mich bringt die Frage so formuliert pfeilgerichtet ins Zentrum meiner Wahrheit. Wichtiges nicht verschieben, sich auf einen Punkt des Moments konzentrieren, damit die Energie bündeln, mich entscheiden, die Konsequenzen tragen und damit im Hier und Jetzt leben.

Ich habe gelernt, Beziehungen nicht in den seichten, oberflächlichen Gewässern des Lebens zu suchen, weil ich wohl zu Recht befürchte, dass der Preis dafür wäre, mich irgendwann vom Leben betrogen zu fühlen. Betrogen um die eigene Tiefe. Auf meinem Weg wurde mir klar, dass die, die das Leben nur im Wasser des Vergnügens suchen, nicht wach werden und im Traumreich der Illusion versinken. Süchtig werden nach immer neuer Befriedigung, die sich nicht erfüllt. Auf den Prinzen warten, der sie erlöst, oder sich bestenfalls wieder auf den Weg machen, wenn die Seele erneut an die Tür klopft und zum Aufbruch mahnt.

Wie weiß ich, wann der Geist durch das Verlangen nur Unruhe schafft? Oder wann es eine vielleicht in der Konsequenz schmerzhafte, aber dadurch unvergesslich wertvolle Erfahrung ist? Wann ist es Zeit, auch einmal dem drängenden Verlangen nachzugeben und die schmerzhafte Konsequenz zu tragen? Du wunderst Dich sicher, warum ich Konsequenzen so betone. Weil ich am eigenen Leib erfahren habe, was es für mich bedeutet, Konsequenzen zu vermeiden. Durch diese Erfahrungen konnte ich erkennen, dass bei denjenigen, deren Verlangen nur Träumerei bleibt, der Hunger des Lebens nicht geringer, sondern größer wird. Irgendwann scheint er dann sekündlich an ihre Tür zu klopfen. Ich erkannte, dass es für mich nicht reicht, Erfahrungen aus zweiter Hand zu machen, weil genau die Handlungen, die schief laufen, mich immer wieder an meine eigene Begrenzung geführt haben und Ausgangspunkt für eine realistische Selbsteinschätzung wurden. Ohne Erfahrungen mit den eigenen Fehlern wird der Hunger leicht zur Schwester der Gier. Blutlos und

ohne Feuer ist so eine Gier und bedient sich an scheinbar kalkulier-
baren Risiken des Lebens. Ihr Verlangen stillt sich nur kurzfristig an
oberflächlicher, vorgefertigter Energie wie Partys ohne Begegnung
und Essen ohne Genuss. Ohne das Feuer des reinen Sehnens bleibt
das Leben zwar überschaubar, aber auch gleichbleibend wie die Kur-
ve eines „Flatliners". No risk, no fun!

Die Dualität zeigt sich auch hier in zwei Abteilungen. Die einen,
die von einem intensiven Sehnen getrieben werden, auch wenn sie
nicht genau wissen, wonach. Ständig werden sie vorwärts getrieben,
weil ein magnetisches Potential in ihren Werten wie Freiheit, Liebe
und Wahrheit innewohnt. Diese Menschen sind bereit, auf manches
zu verzichten, um ihre Werte zu erreichen. Die anderen sind dann
noch immer ziellos auf der Suche nach weiteren Vergnügungen oder
einer Sicherheit. Während der Sucher, von seinen inneren Werten
angetrieben, schon viel Lehrgeld bezahlt hat, gelingt es ihm doch –
oder gerade deshalb – ein humorvolles Gleichgewicht zu halten. Ein
menschlich einsichtiges Gleichgewicht, das ihm ermöglicht, das kleine Glück zu genießen. Was gibt es hin und wieder Besseres, als entspannt und genüsslich in ein wunderbares Stück Obst zu beißen und
die Sonne das Gesicht wärmen zu lassen? Das Herz geht auf vor ge-
nüsslicher Dankbarkeit. Die kleinen Dinge des Lebens lassen manch
erstaunliche Tür aufgehen. Türen, die ganz neue Dimensionen der
Liebe öffnen. Mit entspannter Dankbarkeit lassen sich selbst die
Macken des Partners als ein nicht zu unterschätzendes Wachstumspotenzial annehmen.

Dankbarkeit macht Körper und Seele weich und aufnehmend,
fließend mit großer Flexibilität. Dieses Gefühl von Fließen ermutig-
te mich, die Grenzen meiner Handlungsmöglichkeiten täglich neu zu
definieren. Mich für ein kalkulierbares oder auch nicht ganz kalkulierbares Risiko zu entscheiden, um meine menschliche Sichtweise
zu erweitern. Jede vollendete Aufgabe macht mich glücklich. Jede
bewusste Erfahrung mit meinen Handlungen vertieft das Vertrauen
in mein Bauchgefühl.

Liebe Oma, wer hätte denn gedacht, dass ich Veränderung einmal
dankbar begrüßen würde? Dass die Wahrheit sich durch viele eigene

Erfahrungen als Erkenntnisse auf dem Grund meines eigenen inneren Brunnens absetzen würde? Von dem aus mir möglich wurde, auf eine Frage mindestens sieben Lösungen zu finden. Mir reichte es, wenn bei einer intuitiv gefühlten Antwort mein Bauch warm wurde, so als hätte man ein Licht in mir angeknipst. Wichtiger Parameter, mit dem ich unterscheiden kann, was für mich wichtig ist oder wertloser Tand. Immer noch liebe ich das Leben mit all seiner Intensität, so wie damals, auf der großen Gartenschaukel, wenn ich auf dem höchsten Punkt gejauchzt habe. Schaukeln als Bild für das Auf und Ab des Lebens, die hellen wie die dunklen Erfahrungen des Lebens. Ein Leben so prall und saftig. Danke für jeden Moment, danke, dass ich nur das bekomme, was ich brauche, und nicht das bekommen habe, was ich mir schon alles gewünscht habe. Denn das im steten Wandel begriffene Leben zeigt mir: das was ich heute als selbstverständlich ansehe, kann mir morgen schon genommen werden. Also: Carpe diem!

Was auch heißt, dass ich ohne die Flüsse der Tränen und den Herzschmerz immer noch nicht wüsste, dass nur Liebe ohne Erwartung den Geist zur Ruhe kommen lässt. Du kennst mich ja und wunderst Dich wohl kaum, dass ich nur allzu gerne glauben will, was ich einmal gelesen habe, nämlich dass sich mit jeder gelösten Herausforderung das spezifische Gewicht der Seele erhöht.

Wahrheit mit einem ehrlichen „Ja" zu bestärken und mit mutigem „Nein" zu verteidigen. Auch wenn so ein ehrliches „Nein" mit feuriger Wut gesagt wird, ist es authentisch, aber nicht zerstörerisch, sondern verteidigend. Im „Nein" war ich mit jeder Zelle unmittelbar und mit meiner Kraft verbunden. Im „Ja" spürte ich die Liebe. Beides bewusst zu leben machte es mir möglich, dass ich jetzt unterscheiden kann, was eine geborgte und was meine ureigenste Wahrheit ist. Weißt Du, wie gut es tut, endlich in meinem tiefsten inneren Bedürfnis nach mir selbst angekommen zu sein? Ehrlichkeit als entspanntes Zentrum meines Lebens. Entspannung, aus der ein Lied meines Körpers zu erklingen scheint, meine Seelenmelodie.

Als Folge meines wiederentdeckten spontanen Körpergefühls. Spontan, weil als deutliches Signal wahrnehmbar, so dass ich unterscheiden kann zwischen Vermeidung, Kompromiss oder meiner

Wahrheit. Mein Körper reagiert auf eine Situation, die mit meiner Wahrheit übereinstimmt, indem sich mein Körperinneres weitet und heller wird. Es ist, als ob mein Körper, mein Geist und meine Seele einer Situation gemeinsam zustimmen. In der gegensätzlichen Situation zieht sich innerlich mein Bauchraum zusammen und zeigt mir, dass die äußere Situation nicht mit meiner inneren Wahrheit übereinstimmt. Nachdem ich die paradoxen und vermeidenden Gefühle demaskiert hatte und sie aus dem Zimmer des Vergessenen in das Zimmer der Erkenntnis hinübergetragen habe, verlasse ich mich wieder auf mein direktes Körpergefühl. Es lehrt mich, dass es Dinge gibt, die ich lassen muss – um meiner Gelassenheit willen. Ich weiß heute auch, dass ich ohne Umschweife eine Handlung umsetze, wenn sich mein Bauch hell und weit anfühlt. Am Anfang meines Vertrauensbündnisses mit dem ursprünglichen Körpergefühl musste ich mich noch etwas über den gleichzeitig warnenden, damals noch etwas ängstlichen Intellekt hinwegsetzen. Wir wissen ja inzwischen, dass der Kopf so gar nicht für unübersehbare Schritte ist. Wie wunderbar, wieder Anschluss an dieses Körpergefühl zu haben und zu wissen: Es lügt nie. Direkt zu fühlen, wenn meine inneren Werte in Gefahr sind. Meiner Intuition endlich nach vielen Jahren wieder zu vertrauen, ermöglicht mir, mich vor der Irritation der frühen Ängsten zu schützen. Der lange Weg zur Kraft ist nur mit dem Unterscheidungsvermögen des treuen Kinderherzens möglich. Aber dieser verletzliche Teil in uns braucht den bewussten Schutz meines erwachten Erwachsenen. Nicht mehr der Verstand oder die vermeidenden Kinderängste warnen mich, sondern mein Körpergefühl als deutlicher Parameter aktiviert in Gefahr meine innere Kämpferin oder meine Heilerin, um meine Ehrlichkeit und Wahrhaftigkeit zu beschützen. Ich kenne meine hellen und dunklen Seiten. Erst mit dieser inneren Beobachtung und der ehrlichen Selbsteinschätzung hat die wahre Stärke der Liebe einen sicheren Platz.

Wahrhaftigkeit gepaart mit wacher authentischer Liebe. Aus ihr entsteht ein menschliches, entspanntes Zusammenleben. Ich frage mich: Was trennt mich und was verbindet mich mit meinem Gegenüber? Ein rhythmisches Grenzsystem, das pulsierend ständig den

Austausch zwischen innen und außen unterstützt. Ohne die frühere Angst vor Zurückweisung lässt es mich klar meinen Standpunkt vertreten. Äußere Einflüsse können mich nicht mehr verführen, meine Wahrheit zu verraten. Aus dieser inneren Mitte heraus werden neue Informationen, die auf mich einwirken, angenommen und integriert. Andere unverständliche oder untaugliche Informationen werden wieder aus dem eigenen Wissensfeld entfernt. Das geschieht bei mir, indem ich nicht mehr über die untauglichen Informationen nachdenke und sich die kurzfristig geknüpften Synapsen und Verbindungen von selbst wieder in meinem Gehirn auflösen.

Diese natürlichen rhythmischen Qualitäten erinnern mich an eine Begegnung mit einem besonderen Menschen in Indien. Ich erzähle Dir davon, und obwohl diese Begegnung schon viele Jahre zurückliegt, blieb sie mir in lebhafter Erinnerung.

Auf unserer Indienreise machten Annapurna, meine liebe Freundin und Kollegin, und ich einen Besuch beim Ramakrishna-Orden in Bangalore. Wir überbrachten einen Brief von Swami Veetamohananda aus Paris, der in Frankreich einen anderen Vedanta-Ashram leitet. Daraufhin wurden wir von dem obersten Mönch des Ashrams empfangen. Freundlich interessiert vermittelte mir sein Verhalten auf anschauliche Weise diesen Rhythmus des Nach-innen-Gehens und des sich wieder den Menschen im Außen Zuwendens. Er war an unserem Leben in Deutschland interessiert und bestens über die damalige politische Lage informiert. Stellte er eine Frage, strahlte er über das ganze Gesicht, als würde er das Licht anknipsen. Nach unserer Antwort zog er sich in sich zurück: Licht aus. Dann kam er wieder mit einer neuen Frage, und das Licht ging an. Sein offensichtliches Licht verkörperte für mich die Freude und das Interesse am Dasein und die Zustimmung zum Leben gepaart mit einer ruhigen Achtsamkeit, die ihm eine wunderschöne, milde Ausstrahlung verlieh. Sie erinnerte mich an die uns innewohnende Lichtqualität, die unsere ursprüngliche Prägung in eine Art Erleuchtung verwandeln kann.

Dicke Umarmung von deinem Sternchen

Deva Vanshi

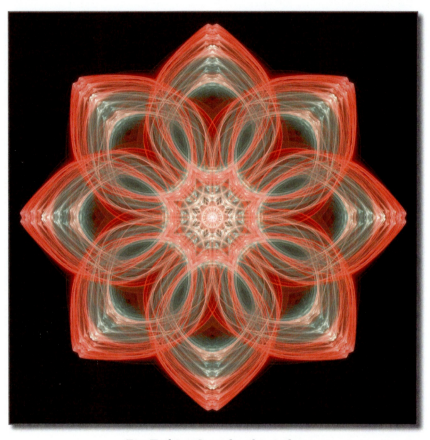

Ein Teil im Gewebe des Lebens

Ein Teil im Gewebe des Lebens

L *iebe Oma Berta,*
hast Du gewusst, dass in der indischen Tantra-Lehre das menschliche Leben als Teil eines Gewebes gesehen wird? Das einzelne Leben wird darin als Beziehungsfaden gesehen. Ein schönes Bild, um sich als Teil eines riesigen Gewebes zu fühlen. Wie schön, in unserer Unterschiedlichkeit gemeinsam eingewoben zu sein in dieses Schicksalstuch des Lebens. Ich sehe vor meinem inneren Auge viele verschiedene Muster mit dicken und dünnen Fäden, die hier im Gewebe Platz gefunden haben. In manchen Mythologien wird deshalb auch die Spinnerin von Raum und Zeit als Symbol und als Bild dargestellt. Sie spinnt den Urfaden mit dem Spinnrad, mit diesem Garn wird in der Mythologie die gesamte Existenz gewebt.

Dieser Urfaden wird auf dem Webstuhl durch Kette und Schuss zu einem Stoff gewebt, der unterschiedliche Festigkeit und Dichte hat. Je nach Bewusstsein und Charakter der unterschiedlichen menschlichen Fäden fühlen wir uns mehr oder weniger verpflichtet zur Tragfähigkeit des sozialen Gewebes beizutragen. Egal wie sehr der eine oder andere auch rebelliert, wir sind lange Zeit dem vorgegebenen Muster treu. Mir wurde häufig erst rückblickend klar, dass sich heimlich und unbewusst alte Muster der Familie wieder eingeschlichen hatten, manche Muster waren ja dienlich, aber es gab auch Verhaltensmuster, die mir schadeten. Zuerst glaubte ich allen Ernstes, wenn ich dieses Verhalten ablehne, wäre ich es los. Aber Du hast ja schon mitbekommen, dass ich mit dieser Verneinung die Kraft des innewohnenden Musters stärkte und mein Bewusstsein für eine ehrliche Selbsteinschätzung schwächte. Mein ureigenster Faden hatte über meine Vorprägung einen eigenen Rhythmus, seine eigenen Stärken und Schwächen. Ich konnte den Faden nicht neu erfinden.

Ich kenne keinen Menschen, der über einen vollkommenen Lebensfaden verfügt. Meiner hatte, wie bei vielen meiner Mitmenschen, schon früh dünne Stellen, und ich konnte nicht von einer ursprünglichen Unversehrtheit sprechen. Meine Exkursionen in die Zimmer meines Seelenhauses mit den Zimmern des Erinnerns, des

Vergessenen und der Erkenntnis stärkten meinen Faden. Die lange Zeit, in der ich mit meinen persönlichen Reaktionsmustern kämpfte, schwächte den Faden in seiner Konsistenz. Aber dennoch war beides wichtig, der Aufbruch in den Kampf, den ich mit mir aufgenommen habe, und die später daraus folgende Hingabe aus der Erkenntnis heraus, dass mir das Leben das schenkt, was ich brauche, und mir das vorenthält, was mich hindert, meiner Wahrheit teilhaftig zu werden.

In der östlichen Philosophie gilt Schicksal als selbsterworben und dient dazu, durch inneren Ausgleich ein emotionales Gleichgewicht zu erlangen. Karma als Ergebnis unserer Handlungen, ausgelöst und vervollständigt von den sich daraus ergebenden Konsequenzen. Heute weiß ich, dass unser Handeln oder auch unser Nichthandeln Ursache und Wirkung ununterbrochen nach sich ziehen und zu ein und demselben Prozess gehören. Erweitert wird die Funktion der Seele als Instrumentarium der Persönlichkeit über unsere eigenen Handlungen hinaus. Im Zusammenspiel mit der Familienseele werden wir uns schicksalhaft sogar mit der Nation verbinden, in die wir hineingeboren sind. Dadurch heilt auf unserem Weg nicht nur unsere Individualseele, sondern oft auch das uns umgebende Feld der Familie. Botschaften, die innerhalb einer Generationsreihe von Großeltern und noch weiter zurück, wortlos übertragen wurden. Wir stehen im ständigen drahtlosen Informationsaustausch mit der Komplexität dieses sozialen Feldes. Zu den nonverbalen Informationen gehört auch das Wahren von Geheimnissen, das Einhalten von Ritualen und Regeln, die der Vermeidung von Schmerz dienen, oder auch nur zur Überlebensstrategie dieser Volksgruppe gehören.

Das, was die meisten Menschen unter Schuld oder Unschuld verstehen, ist oft nur eine verdrehte Vorstellung, die dieser Mensch als unausgesprochene Familienregel für sein Leben erfahren hat. Es nennt sich schlicht familiäres Gewissen. Weißt Du, dass sich Menschen, die diese ungeschriebenen Regeln einhalten, sich unschuldig wie Kinder erleben? Obwohl sich eine so geborgte Unschuld als lebensfeindlich, weil nicht mit den eigenen Werten identisch, erweist. Wahrheit setzt voraus, eigene Fehler zu machen. Handeln birgt immer die Gefahr, sich schuldig zu machen. Den notwendigen, inneren Rebellen einzuladen, der den Mut hat, sich aus ungeschriebenen Regeln zu lösen, um erwachsen zu werden. Sein Handeln selbstverantwortlich zu vertreten und trotzdem als Individuum dem Ganzen der Menschheitsgeschichte verbunden zu sein und niemandem bewusst schaden zu wollen. Früher hatte ich die Illusion, die Strudel in meinem Lebensstrom würden aufhören, heute weiß ich, ich bin nur erfahrener geworden im ewig sich wandelnden Leben und genieße die ruhigen Passagen meines Lebensstroms. Heute weiß ich, dass ich wohl erst einmal aus dem so sicher geglaubten Paradies der eigenen Kindheit herausfallen musste, um zu erkennen, dass die innere Heimat nicht in der äußeren Welt zu finden ist. Schmerzvolle Erfahrungen, die dem Faden des Lebens aus sich selbst heraus eine innere Festigkeit geben. Dazu gehört im ersten Schritt, dass ich mich durch Erfahrungen und bewusste Handlungen erst einmal schuldig machen musste, schuldig an den Werten unserer Familie, um meine eigenen inneren Werte und meine Wahrheit zu finden und dadurch erwachsen zu werden. Du fragst Dich wahrscheinlich, wo da die Unschuld meines Herzens Platz hat? Kindlich spontan zu sein, ohne kindisch zu sein. Mutig und ehrlich meine Meinung zu vertreten, wobei mir der Spagat gelingen musste, mitfühlend, sozial und für mich auch noch ehrlich und beschützend zu sein.

Es ist ein gutes Gefühl, neben aller eigener Individualität mit den unterschiedlichen Fäden eines Gewebes im Schicksalstuch meiner Familie eingewoben zu sein und dabei ähnliche oder gleiche Funktionen zu erfüllen im gemeinsam tragenden Gewebe. Schön, dass Individualität nicht die Gemeinsamkeit ausschließt, sondern vielmehr erst über bewusstes Handeln Gemeinsamkeit möglich ist. So gesehen hat das Gewebe immer eine gemeinschaftliche Funktion, die das Überleben eines größeren Projektes, sei es der Mensch oder die menschliche Gesellschaft im Ganzen, unterstützt.

Unabhängig, ob wir eingewoben sind als Einzelner oder als Teil einer Familie – und damit auch im größeren Spektrum stehen –, immer wird das Wohl des Ganzen über das Wohl des Einzelnen gestellt. Aber im Umkehrverfahren wird auch der Einzelne im Gewebe des Lebens gehalten. Da braucht es schon Mut, nicht nur getreu dem Gewebe zu leben, sondern sich aufzumachen, eine eigene Vision zu entwickeln und damit das Muster der menschlichen Gemeinschaft kreativ zu bereichern.

Nur weil wir in der Kindheit absolut auf dieses soziale Gewebe angewiesen sind, vergessen wir manchmal, nach unserem eigenen Lebenssinn zu suchen. Kindlich nähren wir die Hoffnung, ohne Anstrengung unsere ursprüngliche Unversehrtheit wiederzuerlangen. Leider nährt dieses Hoffnungstraumbild nur eine kindliche Illusion, man fängt an, dieses Bild nach außen zu projizieren. In so einem Zustand hofft der Mensch passiv darauf, dass sich seine Traumbilder ohne Zutun erfüllen. Am besten, ich gewinne im Lotto und brauche dann nicht mehr selbst für meine Schulden aufzukommen. Ein Gedanke, der den eigenen, persönlichen Faden schwächt.

Der Gedanke, der den Faden im Gewebe stärkt, ist, ein inneres Bild von sich zu haben, das in Kontakt mit der eigenen Realität der Persönlichkeit ist. Diese lebendige Vision als Lebensfeuer unterstützt die Bereitschaft, sich als Teil des Ganzen im Gewebe des Lebens zu sehen. Sich selbst dann vom Universellen getragen zu fühlen, wenn Konsequenzen der Vision hin und wieder die eigene Tragfähigkeit im Gewebe auf die Probe stellen.

Es liegen Welten zwischen der geträumten Welt der Illusion und der erwachten, bewussten Welt der Vision. Auch wenn wir unbewusst sind, werden wir vom Gewebe des Lebens getragen. Aber Visionen als lebendige, aktive Form des Lebens sind oft mit einem Sichtwechsel auf das eigene Leben verbunden und stärken die Lebensfreude, sie sind Elixier und Antrieb, Neues zu wagen.

Bei mir hat diese veränderte Sichtweise eine radikale, innere Veränderung bewirkt. Chance und Risiko zugleich. Aber ein Risiko, das nicht wie bei Traumatisierten wie James Dean im Rausch der äußeren Gefahr gesucht wird, sondern darin, ohne illusionistischen Rausch mich meiner hässlichen Seite, meinem inneren Schatten zu stellen. Mich trotz oder gerade wegen meiner erschreckenden Schatten für meinen Mut und meine Wahrheitsliebe zu schätzen.

Diese grundlegend andere Sicht läutete eine Wende in meinem Leben ein. Ich konnte danach selbst aus einer leidvollen Situation eine positive Erkenntnis ziehen. Keine Schönfärberei, wie Du vielleicht erst einmal gedacht hast, nein, mein ganzes Erleben hatte ich noch mal von einer anderen Seite beleuchtet. Wie zum Beispiel, dass ich auf meinem Weg manchmal schmerzhaft Unterstützung vermisste, und dadurch die Bewältigung jeder Krise als Erfahrung der eigenen Kraft erleben konnte. Mit der ersehnten Unterstützung wäre ich möglicherweise in der Idee hängen geblieben, ich könnte die Aufgabe alleine nicht bewerkstelligen.

Du weißt, die Leidgeprüften sind es, die sich auf den Weg machen, um die Einengung ihres Lebens zu erweitern. Ich bin schon mit vielen mutigen und lebenserfahrenen Menschen zusammengetroffen. Sie alle wussten Fesselndes und Lebensnahes zu berichten. Ich vertraue ihnen, weil ich intuitiv spüre, dass die Präsenz eines Menschen, der schweres Leid erfahren hat, tiefgründiger, authentischer und kraftvoller ist.

Je kraftvoller und authentischer eine Persönlichkeit ist, umso mehr Einfluss hat sie in der täglichen Interaktion mit anderen Menschen. Das sind dann die charismatischen Menschen, die andere in eine gewisse Synergie ziehen. Sie laden mit ihren Gesten die Menschen zu einem unbewussten, aber fast unwiderstehlichen Tanz der Gebärden ein. Sie sind Sender und Empfänger zugleich. In ihrer emotional ansteckenden Persönlichkeit können sie die eigenen Muster ihres Lebens so weit bestimmen, dass sie andere dazu bewegen, mit an ihrem Muster im Gewebe des Lebens zu weben.

Solch ein Mensch versieht im Gewebe des Lebens als gestärkter Faden kraftvoll seine Aufgabe. Ist im Webstuhl Schuss und Kette zugleich. Sein innerer Standpunkt lässt ihn eigenständig denken. Als Zeichen der inneren Selbstreflektion zeigen sich Humor und Mitgefühl. Wer sich selbst und seine Abgründe kennt, geht milder mit sich und auch mit anderen um. Die Selbstachtung und die Achtung für andere haben etwas Selbstverständliches, sind ein stabiler Grund für seine realistische, liebevolle Selbstwahrnehmung, die ihn davor schützt, sich als Nabel der Welt zu fühlen.

Solch ein Mensch liebt sich und kann sich selbst mit allem, was ihn ausmacht, akzeptieren. Gleichwohl pflegt er respektvollen Umgang mit allen Menschen. Mit anderen Worten: Er führt eine seelenvolles Leben, das ein gesundes Unterscheidungsvermögen voraussetzt. Sein seelenvoller Umgang erstreckt sich auch auf die Pflege seiner Umgebung, denn innen und außen ist für ihn ein und dasselbe. Es ist somit keine Frage, dass er die Verantwortung für sein Leben voll und ganz übernehmen kann. Daraus erwächst die Freiheit, sein Leben mit allem, was dazu gehört, zu bejahen und sich so eins mit dem eigenen Lebensweg zu fühlen.

Ich habe gelesen, dass wahre Liebe Leid beseitigt und den Mut hat, dem Umfeld Wohlbefinden anzubieten. Mein Umfeld zu beseelen und von Menschen in meinem Umfeld meine Seele nähren zu lassen bedingt wie selbstverständlich, meine Umgebung mit Hingabe zu pflegen.

Ich fühle mich somit verantwortlich für das Geschenk des eigenen Wohlergehens, auch in Beziehungen. Ich bin auch achtsam in Hinsicht auf gesunde Nahrung. Was für eine wunderbare Phase meines Lebens. Ich bin in der Lage, aus meiner Intuition zu schöpfen, das Wesentliche vom Unwesentlichen zu unterscheiden und darin Fülle zu finden. Ich fühle mich in meiner Individualität nicht getrennt vom Gewebe des Lebens. Mir fließt viel Herzenswärme zu, und ich stehe im Austausch mit der Welt. Meine Gegensätzlichkeit ergänzt meinen bewussten Weg zur Wahrheit. Früher habe ich geglaubt, wenn ich die Wahrheit sage, darin umzukommen. Ja, etwas stimmt daran: Der Teil, der von außen aufgesetzt war, ist gestorben. Welch eine Reise durch die Räume des Vergessenen, um mein ursprüngliches Wesen aus dem Verlies zu befreien! Einem wachen Erleben verdanke ich ein Leben, das nicht wie im Märchen nur geträumt ist, sondern genieße mein Dasein bewusst mit dem magischen Blick des Kindes auf die Zauberdinge.

Glücklich mit dem liebevollen Blick des Herzens

Deva Vanshi

Nachwort

L *iebe Oma Berta,*
wenn ich an Dich denke, fällt mir gleich die Geschichte vom kleinen Prinzen, geschrieben von Antoine de Saint-Exupéry, ein. In dieser Geschichte wird die innere Stimme als Fuchs vor dem Wald beschrieben. So ein Fuchs ist mein innerer Beobachter und Hinweis auf die Stimme des Herzens. Ein Ratgeber für die Gratwanderung zwischen notwendigem Vergessen und erlösendem Wiedererinnern. Hilfreicher Wegbegleiter, um alte Geschichten und Menschen in Liebe loszulassen. In der therapeutischen Arbeit erfuhr ich von schicksalhaften Vereinbarungen, die eingelöst werden, ohne dass darüber je ein Wort verloren wird. Vereinbarungen nur über den Kontakt von Herz zu Herz vermittelt. Erst mein Ringen um Wahrheit gemeinsam mit der inneren Stimme und mit Hilfe von konstruktiven, äußerem Feedback ermöglichte es mir, mit offenem Herzen dem Schicksal zuzustimmen.

Der Fuchs vor dem Wald, der immerwährende Wachheit einfordert und selbst kurzes Einschlafen mit der Rückkehr alter Muster quittiert, die mich ins alte Geschehen katapultieren konnten. Schmerz, der zeitlos ist. Du weißt bestimmt, wovon ich rede. Schnell wieder wachgerüttelt nützte es mir kaum, das Geschehene in einem größeren Zusammenhang zu sehen. Meine innere weiche Seite lässt auch heute noch in null Komma nichts aus meinen Augen das Wasser schießen.

Eben ein weiterer Beweis für die Gleichzeitigkeit in meinem Leben, eben himmelhochjauchzend, zu Tode betrübt. Wunderbar, wie es sich immer wieder zeigt, wie sehr wir aus Gegensätzen gewoben sind, wie Schmerz und Liebe, Sonne und Mond, Bewusstes und Unbewusstes.

Liebe Oma, gerne erinnere ich mich an die Zeit, wo Du mir als kleines Mädchen Märchen vorgelesen hast, viele davon hatten ein Happy End. Aber eine Geschichte oder eine Ballade, die Du gesungen hast, hat mich besonders fasziniert. Es ging um einen Prinzen und eine Prinzessin, die an verschiedenen Ufern eines Flusses lebten und sich liebten, aber sie konnten nicht zusammenkommen, weil ein Zauber über ihnen lag, und die Ballade begann mit den Zeilen:

Es waren zwei Königskinder,
die hatten einander so lieb,
sie konnten zusammen nicht kommen,
das Wasser war viel zu tief.

„Ach Liebster, kannst Du nicht schwimmen,
so schwimm doch herüber zu mir,
Drei Kerzchen will ich anzünden,
die sollen auch leuchten dir."

Das hört ein loses Nönnchen,
die tät, als wenn es schlief,
es tät die Kerzlein ausblasen,
der Jüngling ertrank so tief.

Die Mutter ging zur Kirche,
die Tochter ging ihren Gang,
sie ging so lang spazieren
bis sie einen Fischer fand.

„Ach Fischer, liebster Fischer,
willst Du Dir verdienen Lohn,
so senk dein Netz ins Wasser,
fisch' mir den Königssohn."

Er senkte sein Netz ins Wasser,
und nahm sie in den Kahn,
er fischt und fischte so lange
bis sie den Königssohn sahn.

Was nahm sie von ihrem Haupte?
Eine goldene Königskron:
„Sieh da, viel edler Fischer,
das ist dein verdienter Lohn."

Sie schloss ihn in ihre Arme,
küsst ihm den bleichen Mund:
„Ach Mündlein, könntest Du sprechen,
so wär mein Herz gesund."

Sie schloss ihn an ihr Herze
und sprang mit ihm ins Meer:
„Gute Nacht, mein Vater und Mutter,
ihr seht mich nimmermehr."

Als kleines Kind habe ich sehr geweint, wenn Du diese Ballade vorgelesen oder mit Deiner etwas dünnen Stimme gesungen hast. Da fand die Prinzessin nur in dem Verzicht auf ihr eigenes Leben die Erfüllung ihrer Liebe. So wie bei Romeo und Julia.

Diese Ballade ist bis auf den heutigen Tage überliefert. Vielleicht berührt sie uns immer noch, weil uns Menschen innerlich klar ist, dass bedingungslose Liebe mit Verzicht gekoppelt ist. Liebe, die uns manchmal wie vom Donner rührt und erstarren lässt, gleichzeitig wie ein Wimpernschlag berührt, eindrucksvoll und doch so vergänglich.

Ich weiß nichts über Deine zärtlichen Gefühle als Frau, kanntest Du Momente der zarten Berührung? Schmerzhafte hast Du genug gemacht, aber wie war es mit den erlösenden Erfahrungen? Ich kenne diese erlösenden Erfahrungen, sie sind eingesunken in den Urgrund meiner Seele, als Urvertrauen und Vorbedingungen, um innige und ehrliche Liebe wahrzunehmen. Einsichten in eine bedingungslose, weil ohne Zweifel, eher als stillen See gefühlte Liebe, die sich von der stürmischen, besitzergreifenden Liebe deutlich als Gefühl unterschied. Der Hauch des Vergänglichen, der die Jugend mit ihrer Liebe begleitet, ist verflogen. Ganz unspektakulär mit einem ruhigen Gefühl des Vertrauens, macht sich die Liebe als Dauergast in meinem Herzen breit.

Ein Flügelschlag des Schmetterlings als erster Rhythmus aller menschlichen Herzen, die einen Gleichklang suchen, und der mich mit meinem pulsierenden Herzschlag miteinschließt. Für mich ein glückliches Ende, das uns die traurige Ballade vorenthält. Der erkannte Flügelschlag des Schmetterlings als eigene, innige Liebe in meinem eigenen Herzen nach einer langen, vergeblich scheinenden Suche gefunden.

Wahrscheinlich hätte unsere Prinzessin nur den körperlichen Wunsch, ihrem Prinzen nahe zu sein, aufgeben müssen, um durch ihre eigene Liebe den Wunsch nach Heilung zu entdecken. Eine einfache Formel in der Vereinigung mit der ureigensten Natur der Unschuld des Herzens nach einem komplizierten Irrweg im Außen. Der Schlüssel zur Entwicklung des eigenen inneren Sterns. Den inneren Ton im eigenen Lied selbst anzustimmen, murmelnd und erst ein wenig suchend, aber dann laut summend. Mit der Entschiedenheit, alles zu tun, damit meine innere Musik nie wieder verstummt. Lieder, die die erwachten Herzen singen, weil sie in Herzensbeziehungen münden, so wie die Persönlichkeit mit der Seele in Einklang ist, wenn Wahrhaftigkeit der Stern ist, der über dem Leben leuchtet.

Danke fürs Vorlesen, und danke, dass Du die Sehnsucht nach mehr in mir geweckt hast. Ich weiß jetzt endlich, dass nur fordernde Liebe aufhört, aber die schenkende bleibt, auch wenn die Zeit vergeht.

Auch wenn die Zeilen hier enden, meine Reise, die durch meine Erinnerungen streifte, endet hier noch lange nicht. Wenn ich diese Zeilen in einigen Jahren lese, da bin ich mir sicher, könnte ich noch mehr dazuschreiben.

Ich genieße noch die Fülle des Lebens mit allem, was dazu gehört, und bleibe noch ein bisschen, dann komme ich auch.

Deine Deva Vanshi, göttliche Flöte

Der Fuchs vor dem Wald aus dem „kleinen Prinzen"

Literaturverzeichnis

Bäuerle, Roland,
Körpertypen vom Typentrauma zum Traumtypen 1988 Simon und Leutner, Berlin

Bohm, David, Peat, F. David (1987),
Science, Order and Creativity. Toronto/New York: Bantam Books. Pearce, Josef Chilton. (1997). Der nächste Schritt der Menschheit-Entfaltung des menschlichen Potntials aus neurobiologischer Sicht. Kempten: Arbor Verlag.

David Bohm, P. u. Sience,
Order and Creativity.

Deva Vanshi Anita Hinterschuster (1999),
„Mein Standpunkt auf der Erde"
Fit fürs Leben Verlag, 71256 Weil der Stadt, ISBN 3-89526 033-9

Dowling T.W.(1988),
The Roots of Collective Unconscious in L.Janus (Hrsg). Pränatale Erlebnisvorgänge als Kernelemente des Unbewussten-Befunde und Perspektiven; Heidelberg:Textstudio Gross.

Fodor, Nandor,
The search for the beloved. A Clinical Investigation of the Trauma of Birth and prenatal Condition . 1949: University Books of New York.

Lake F.
Studies in Constricted Confussion,Clinical Theology Association, Nottingham. 1979.

Levine, Peter. (1998).,
Trauma Heilung Das Erwachen des Tigers. Synthesis.

M.Selvini Palazzoli /L.Boscoli G.Ceccin/G.Prata (11. Auflage 2003), Paradoxon und Gegenparadoxon. Stuttgart: Klett-Cotta.

MC GuireW& Sauerländer. (1984).
S.Freud-C.G.Jung Briefwechsel.

Michael Mendizza & Josef Pearce.
Neue Kinder, neue Eltern. Freiamt Schwarzwald: Arbor Verlag.

Michael Mendizza, J. C. Neue Kinder, neue Eltern.

Pawlow I. (1929).
Lektures on Conditioned Reflexes Übersetzung von W.H. Grantt.
London: Lawrence Ltd.

Pearce, J. C. (1997).
Der nächste Schritt der Menschheit.

Rank, O. (1924).
Das Trauma der Geburt. Internationaler Psychoanalytischer Verlag,
Leipzig, Wien.

Rupert Sheldrake. (2002).
Das schöpferische Universum-Die Theorie des morphogenetischen
Feldes-. Ullstein.

Stanislaw Grof. (1983).
Topographie des Unbewussten-LSD im Dienste der tiefenpsycholo-
gischen Forschung. Klett-Cotta Stuttgart.

Siegel, Daniel J. (2006),
Wie wir werden die wir sind. Neurobiologische Grundlagen subjek-
tiven Erlebens und die Entwicklung des Menschen in Beziehungen.
Paderborn: Junfermann Verlag.

Steiner, Rudolf (1960),
Wiederverkörperung und Karma. Dornach: Rudolf-Steiner-Verlag.

Steiner, Rudolf (1922),
Theosophie. Einführung in übersinnliche Welterkenntnis und Men-
schenkenntnis. Dornach: Philosophisch-antroposophischer Verlag
am Goetheanum.

Stichwortverzeichnis

Bildnachweis

Die folgenden Bilder wurden für dises Buch durch Darshita Janet Storm erworben und unterliegen dem Copyright. Nachfolgend sind die Urheber mit Mitgliedsname von ©iStockphoto.com/:

Buchempfehlung

Mein Standpunkt auf der Erde

von Deva Vanshi Hinterschuster, jetzt Weidenbach

„Die Wirksamkeit der Fußreflexzonen-Therapie stellt heute niemand mehr in Frage und es gibt zahlreiche Publikationen zu dieser Heilmethode. Hier wird nun endlich gezeigt, wie die Reaktionen des Körpers auf die Therapie und die psychische Verfassung des Patienten zusammenhängen und eingebunden werden! Dieses Buch vermittelt das Verständnis für die Körpersprache, ihre Entsprechung von Krankheit und ihrem Abbild an den Füßen.

Basierend auf den Erkenntnissen des holistischen Modells und asiatischer Heilkunst, wird hier eine ganzheitliche Alternative vorgestellt, Gesundheit im Einklang mit sich selbst zu erreichen. Die Autorin nennt diese Art der Fußreflexzonenmassage die Verwurzelung, mit dem sie auf sehr liebevolle, verständige und kreative Art die Kommunikationsstörung zwischen Körper und Seele beheben kann.

ISBN 3-89526-033-9

Sie nimmt den Patienten mit auf die spannende Reise zu sich selbst und führt ihn behutsam auf den Weg über die Füße zu einer ausgeglichenen Einheit. „

Das Buch ist im Fit für's Leben Verlag, Weil der Stadt, erschienen und kann über den Buchhandel bestellt werden.

Yoga und Meditation,

ein Lehrbuch mit Geschichte(n) in 2 Bänden.

Diese beiden Bände sind die Grundlage und gleichzeitig das Unterrichtsmaterial für die Ausbildung zum/zur Yoga-LehrerIn nach der Schule Tat Tvam Asi. Diese Ausbildung findet in Kooperation zwischen Tat Tvam Asi und der VHS Nordkreis Aachen statt und ist in 6 Module gegliedert. Der Band 1 enthält die Module 1 und 2. Die Module 3 bis 6 sind in Band 2 enthalten.

Annapûrnâ K. Martinelli ist mit diesem Werk eine einzigartige Synthese von Yoga-, Vedanta- und Mediation gelungen, was es in dieser Form auf dem Buchmarkt noch nicht gibt. Der Autorin gelingt es, in ihrer eigenen und besonderen Weise, die verschiedenen Themen der Yoga-LehrerInnen-Ausbildung mit den grundlegenden Themen der Vedanta-Philosophie zu verbinden. So wird dem Leser nicht nur das nötige Wissen der Yogalehrer-Ausbildung vermittelt, sondern auch in eingängiger Art und Weise Annapûrnâ's ganzheitliche Yoga-Philosophie, nahegebracht.

Diese Yoga-LehrerInnen-Ausbildung nach der Schule Tat Tvam Asi ist eine besondere persönliche Erfahrung und eine Reise zu sich und anderen. Die persönliche und spirituelle Weiterentwicklung ist eine Einladung an Körper, Geist und Seele, die Körperlichen Ressourcen zu erkennen und auszuschöpfen.

Der Band 2 ist im Pro BUSINESS Verlag erschienen und kann über den Buchandel bestellt werden.

ISBN: 978-3-86805-488-0